COPPER PLATE CRAFT

동판공예

이론과 실기

셀프업 5

임정문 지음

浮.彫.篇

COPPER PLATE CRAFT

동판공예

이론과 실기

이담 Books

책을 펴내며

예술은 미친 짓거리와 같다
타인이 내다 버린 쓰레기의 환영을 찾아 나서는
넝마주이 같은 인생!
창작이라는 이름하에 끊임없이 어둠속에서
음모를 꾸미는 한 마리의 늙은 수고양이가 된다.

무한한 도전 앞에서 때론 침몰하고
좌절하며 부침을 거듭한다.
소란스럽고 복잡한 실존을 외면한 채
영혼을 불사르고 투쟁하는 철모르는
삼등 인생들의 행진일지도 모른다.

수많은 날들을
창공에서 격렬히 나래짓하다 죽은 새가 되어
설운 눈물을 지을 때가 한두 번이던가?
고정된 주제의식을 버리려 시도하며
비극적 갈등을 나날이 겪는다.

그래도 나의 작업은
신비를 소통으로 전설을 담고 싶다.
녹푸른 환영을 화면 가득 담고
자유분방한 필치로 시처럼 서정을 노래하고 싶다.

업에 몰두하다 보면……
때론 수저질하는 시간이 사치스러워
새벽녘 작업장을 나설 때 눈이 퀭한 사람.
한편의 작품을 위해 이 모양 저 모양
수십 번 거친 숨을 토하다……

내 안에 내가 아닐 때……
끝내 분신을 구기고 파괴할 때……
성난 파도로 밀려오는 허탈감!

굼벵이 허물을 벗으려 며칠씩 앓고 누우며
나비의 꿈을 꾼 적이 헤아릴 수 없다.

작가는 오직 작품으로 말한다.
작품은 때로 현상학적인 실험도 필요하며
독자들에게 변화를 요구받기도 하지만
화면속의 이미지는 작가의 얼굴이요
고뇌와 환희가 배어 있는 영혼의 부산물이다.

성경에서 인생의 명은 칠십이요
강건해야 팔십이라 한다…….
나는 때가 이를 때 인생을 주관하는

주인의 부름을 받을 것이다.
그러나 남은 무생의 동판은 천년을 산다 한다.
천년을 교감하는 동판! 내 곁의 금필을 바라보며
오늘은 그래도…… 또 남길 만한 족적을 위해 하루를 열어간다.

글 凡得 임정문

작품명제: 운문사각 - 장구령의 시문/서체: 장산 권영세/제작자: 2004. 범득
SIZE: 60×120㎝, 동판 0.2㎜ 1/2 경질

들판의 투우
SIZE: 60×120㎝. CP.0.2㎜ 1/2 경질/2002. 범득 作

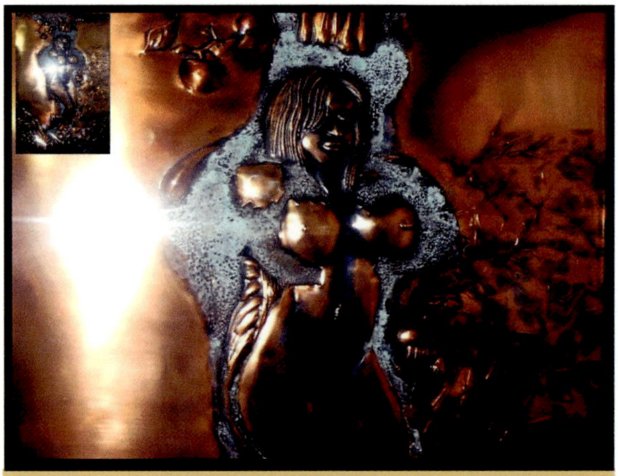

낙원의 추방
SIZE: 60×110㎝m. CP. 0.2㎜ 1/2 경질/2002. 범득 作

2008 선물

조선 미인도
SIZE: 40×60㎝. CP. 0.2㎜ 1/2 경질/1998. 범득 作

어해도 원화: 오원 장승업
SIZE: 40×110㎝. CP. 0.2㎜ 1/2 경질 /2004. 임정문 제작

송하맹호도. 원화/단원 김홍도
SIZE: 40×70㎝. CP. 0.2㎜ 1/2 경질 /2004. 임정문 제작

머리말

지금까지 국내외를 막론하고 동판공예에 대한 바른 지침서(指針書)가 될 만한 교재나 책이 없는 터라 동판공예를 시류(時流)에 유행처럼 떠다니는 만들기 공작 정도로 생각하며 너무 쉽게 접근(接近)하려는 입문자들이 많았으며 눈동냥 귀동냥으로 발품을 팔아 가며 독습(獨習)을 하더라도 어느 단계에서 더 이상 진전하지 못하고 중도에 그만 포기하는 사람들이 많았다.

이는 기초적인 이해(理解)와 지식이 부족한 일면도 있겠지만 이 분야에서 활동하고 있는 소수의 아방가르적인 전업 작가들이 자신의 묘법(描法)이나 노하우로 일컫고 있는 비기(秘技)를 세상에 오픈하지 않으려는 폐쇄성도 한 원인이 될 수 있다. 필자도 이 점 자유롭지 않았다.

그동안 수년간 작품활동과 학생지도를 병행(竝行)하며 꼭 필요(必要)하다고 생각되어 하나둘 기록한 것들이 어느덧 한 권의 책이 될 만큼 양이 많아졌다.

늦은 감이 있으나 이 책이 동판공예 과목에 처음 입문(入門)하는 사람들의 바른 지침서가 되길 바라며 출판(出版)하기까지 도움을 준 모든 분에게 감사를 드린다.

임정문

추천사

*"미추홀에 큰 별 하나가 갑자기 떨어졌습니다. 숱한 제자들 남겨두고 별이 졌습니다. 무자년 세밑에서 너무나 아쉬운 쉰한 살의 나이로 당신은 신세계로 올라가셨습니다. 떠나시기 이틀 전 당신의 애제자들에게 멀티 메일로 '**하나님이 모든 기쁨과 평강을 믿음 안에서 충만케 하사 건강하세요. 임 장로. 범득**'이라는 메시지 남기시고 먼 길 떠나셨습니다. 돌아보건대 당신은 서정시인 같은 열정적 예술가이셨습니다. 늘 토속적 50년대의 향수를 머금은 얼굴로 빛바랜 양복에 비쭉한 야생마 갈기의 머리칼을 한. 그 속에서 너털웃음이 멋 떨어졌습니다. 한 잔의 막걸리에 순대 몇 점에도 웃음을 잃지 않으셨던 소박한 당신이었습니다. 그래서인지 당신은 찬란한 금도 은도 아닌 수수한 '천 년의 동'을 더 좋아하셨습니다. 그리고 흙으로 되돌아갈 우리네 황토 빛 살결과도 같은 구리를 참 사랑했습니다. 그리고 그 구리판에 시처럼 자유스럽게 당신의 얼을 열정적으로 표현하여 세기고 되돌아가셨습니다."*

무엇보다도 생전의 저자에게서 추천의 글을 부탁받은 나로서는 고인의 영전에 애도하는 마음을 품고, 고인의 업적을 기리는 뜻에서 이 글을 쓰면서 욥서의 한 구절을 떠올렸다. "**아, 누가 있어 나의 말을 기록해 두랴? 누가 있어 구리판에 새겨 두랴? 쇠나 놋정으로 바위에 새겨 길이길이 보존해 주랴?**" 그렇다! 임정문(범득) 교수가 있어 구리판에 관한 내용들을 낱낱이 기록해 둘 수 있었던 것이다. 동판공예의 선구자인 저자는, 후배들을 위한 족적을 남기기 위해 숱한 나날들을 창공에서 "**나래짓하다 죽은 한 마리 새**"였다. 불모지와 같았던 이 장르에서 그는 수많은 고뇌와 좌절 그리고 허탈감 속에서도 창조적인 상상력 없이는 예술이 존재하지 않음을 깨닫고, 실험하고 연구하여 구리판 공예에 관한 귀중한 이 한 권의 기록을 후세에 남긴 것이다.

저자는 '미추홀 동판공예(한국동판공예)'의 설립자로서 한국에서는 유일한 독보적인 인물이었으며 작가들의 기둥이었다. 타고난 예술성으로 한국 동판에 이론적 기초를 마련하는 동시에 실기 작업을 통하여 전국에 작가들을 배출한 열정적 장인(Meister)

이었다. 그리고 인천시 미술 대전에 동판공예 심사위원으로서, 재능대학의 금속표면처리과에 교수로서, 동판공예 이론과 실기를 가르쳐 왔었다. 이러한 저자의 불굴의 장인 정신은 대전을 비롯하여 지방에다 연구소를 세우는 동시에 많은 제자들을 배출하였고, 이를 더욱 확장하여 대학 강단과 평생 교육원에서도 동판공예 과목이 개설되기에 이르렀다.

현재는 동판공예가 상당한 수준에 와 있는 시점에서 고 임정문(범득) 교수님의 강의록을 한 권의 책으로서 내게 되어 더할 나위 없이 기쁘다. 이 책은 동판공예에 관심을 둔 초보자부터 대학 강사까지 볼 수 있는 책이다. 초보자를 위한 밑그림과 함께 동판공예의 기초 이론, 도구와 운지법, 선 그리기, 부조기법으로 부식, 명암내기와 마감과 보존법 등의 설명으로 짜임새 있게 구성되어 있다. 따라서 이 책은 국내 최초의 동판공예에 대한 지침서로서 귀한 자료가 될 것임을 믿어 의심치 않는다. 끝으로 본 지침서를 기꺼이 맡아 주신 한국학술정보(주)에 저자를 대신하여 깊은 감사를 드린다.

2009년 5월

한남대학교 철학박사 원유동(동파)

추천사

짧은 만남, 긴 餘韻

내가 凡得 任正文 先生을 처음 만난 것은 2004년 어느 겨울날이었다.

학교 앞 靑銅時代라고 하는 그의 작업실에서 마주친 선생의 첫인상은 銅版과의 眞劍勝負를 하고 있는 狂人 그 자체였다.

創作이라는 이름하에 끊임없이 어둠 속에서 음모를 꾸미던 그에게 銅版工藝와 表面處理技術을 접합해보자는 제안을 하였고, 그는 흔쾌히 받아들여 銅版工藝 사상 처음으로 대학에서 동판공예 과목을 강의하게 된 것이다.

그의 첫 강의가 끝난 후 학생들에게 수강 소감을 물으니 '열정적이었다', '사명감에 불타는 武士 같았다'는 등 칭찬 일색에 질투를 느낄 정도였다. 그러다 보니 그의 제자에 대한 사랑도 대단했다.

그 후로 실습 위주의 강의를 하던 그에게 동판공예에 대한 이론을 정리하여 교재로 활용하면 좋겠다는 나의 제안에 인천 공예인협회, 국민예술협회 초대작가 등 바쁜 사회생활을 하던 와중에도 아무런 불평 없이 원고를 정리하여 노력한 끝에 『공판공예의 이론과 실기』라는 원고를 완성시켰다. 이러한 선생의 열정을 보며 동판공예에 대한 선생의 무한한 사랑을 느낄 수 있었다.

그렇게 이 책은 비록 선생의 생전에 정식으로 출판되지 못한 아쉬움 많은 遺作으로 남았지만, 이 책 속에는 수년간 작품 활동과 학생지도를 통하여 얻은 선생의 경험과 이론이 깃들어 있으며 그 결정체를 통하여 선생만의 노하우를 들여다볼 수 있는 秘冊이라고도 할 수 있다.

이 책을 통하여 동판공예 분야가 한 걸음 더 발전할 수 있는 계기가 될 것을 바라며 동판공예에 입문하고자 하는 학생들뿐만 아니라 공예전문 작가들에게도 좋은 지침서가 될 것을 믿어 의심치 않으며, 선생이 남기신 긴 여운을 음미하고자 한다.

2009년 벚꽃이 滿開한 어느 날
재능대학교 신소재표면처리과 교수 劉涀龍

Contents

동판공예 이론과 실기

Part 01

동판공예(銅板工藝) 역사와 발전

1. 동(銅)을 이용한 금속공예의 시원(始原)

인간이 수렵채취의 이동 생활방식을 청산하고 농경과 목축의 정착 생활로 전환된 이후에 발견된 청동기(青銅器)는 농사의 발달을 가져왔으며 사회경제가 급격히 발전되어 평등한 부족사회가 붕괴되고, 사유재산과 계급이 발생하게 되었다. 당시 청동(青銅: 구리+주석)이라는 금속의 발견은 오늘날 산업혁명에 버금가는 혁신적인 변혁과 문명발전의 틀을 다지는 계기가 되었다.

이 시기의 예술은 종교 및 정치적 요구와 밀착되어 있었으며 당시 제사장이나 군장들이 사용하였던 칼, 거울, 방패 등의 도구나 무기를 제작한 것이 오늘날 금속공예의 기원이라 할 수 있으며 동(銅)과 동합금(銅合金) 청동(青銅)의 이용 역사는 대단히 길며 B.C 5000경에 고대 이집트의 것으로 동제(銅製) 쇠사슬과 핀 등의 소품이 발견되었는데 이것이 인류가 만든 가장 오래된 금속공예품으로 추정되고 있다.

청동(青銅) 공예품은 B.C 3000년경 후반부터 서아시아에서 사용되면서 B.C 2000년경 이집트에 보급되어 청동거울이나 항아리 등을 두드리거나 주조기법에 의하여 만들었고 그 위에 무늬를 조각하여 금은을 박은 상감기법이 사용되기도 했으며 의장과 기교가 매우 뛰어났다. 우리나라는 한나라의 금속문화와 북방문화가 들어와 금석(金石) 병용기를 이루다 B.C. 700~600년경부터 청동기(青銅器)시대에 접어든 B.C. 500년경부터 청동기 주조가 시작되었고. B.C 300년경에는 세형동검(銅劍), 다뉴세문경, 농경문 동기 등 청동의기들의 문양에 기하학적인 선을 장식하게 되었다.

철(鐵)은 산화가 빠르고 오래 보존되기 힘든 보존상의 여러 난점이 있지만 동(銅)은 부식이 잘 안 되는 내마모성 성질로 인해 자연상태에서도 보존이 대단히 길며 가히 영원하다고 할 정도로 인류와 문명의 역사를 함께해 온 친숙한 금속이다.

2. 동판공예 역사(歷史)

구리나 구리합금을 이용한 무기, 장신구, 종교용 교구, 농기구 등 실용용품의 출현은 청동기시대에서 오늘에 이르기까지 오랜 역사를 지니고 발전해 왔다.

동(銅)을 판(板)의 형태로 가공(加工)하여 쓰이기 시작한 때는 기원전 청동기(靑銅器)시대부터 금속공예 내에 포괄적(包括的)으로 존재해 왔던 것으로 추정되며 공예에 쓰이는 동판의 제작은 금속의 퍼짐성을 이용해 구리나 구리합금 덩이를 망치로 두드려 편편한 얇은 판재(板材: Plate)로 성형하는 전통적 방자기법이 이용되었으며 대부분 수작(手作)으로 만들어졌다.

이렇게 만들어진 동판을 뒤에서 도드라지게 내어 밀어 양각 부조(浮彫)를 넣거나 그림이나 문양을 인각하여 입체적인 기물들이 제작되었는데, 주로 주형에 붓지 않고 방자로 성형된 의관장식, 장신구, 장석, 경첩, 풍경 등이 있다.

현대(現代)에 들어서 동판공예에 이용되는 동판은 방자 동판이 아닌 공장에서 생산된 표면이 매끈하고 균일한 제품이 주로 이용되며 동(銅) 재련기술의 발달로 인해 이러한 동판재(銅板材)의 생산이 가능하게 된 동판의 생산역사와 유관(有關)하다.

전통과 현대의 구분

구 분	전 통	현 대
사용동판	수작업에 의한 방자 동판	공장제 균일한 동판
특 징	기물제작에 따른 부분 양각	입체적인 부조
제작물	의관장식 · 장신구 · 장석 · 경첩 · 풍경 등	벽화 · 실내장식품 · 기념물 · 조형물 등

공장(工場)에서 생산된 동판을 이용한 공예품의 제작은 '동판공예'라는 명칭에 관계없이 꾸준히 이루어져 왔다. 전통적인 것에 비해 입체적(立體的)인 부조형태가 강조된 조형적인 양상(樣相)을 띤 오늘날의 '동판공예'가 금속공예에서 파생된 공예의 한 종목으로서 정착되기까지는 두 가지 출현설(出現說)이 있다.

그중 하나는 서구 유럽에서 출현하여 국내에 유입된 해외유입설(流入說)과 나머지 한국 자생설(自生說)이다. 해외유입설에 의하면 1980년대 중반 국내 여행가나 공예 관심자에 의해 유럽 등지에서 유행하고 있는 동판공예가 국내에 들어와 보급되었다고 한다. '해외유입설'에 의하면 1980년대 중반 동판을 방식처리를 한 후 약간의 홈이 파지도록 에칭처리를 하여 만든 오목판 그림(EL－SHAMI hand made in Egypt)이 국내에 수입되어 유포되기 시작했고 거의 같은 시기에 유럽 등지를 여행했던 관광객들에 의해 알루미늄 호일과 같은 얇은 동쉬트(Copper Sheet)에 표면착색이나 부식 등의 처리가 없이 간단한 문양이나 미미하게 부조를 낸 것들이 국내에 들어왔는데 그것들을 흉내 내기 시작한 것이 시초가 되었다 한다.

한국 자생설은 1980년대 중반 해외유입품들이 동판을 이용하여 미술공예의 가능성을 열어 주는 기폭제가 되었다는 점은 적극 인정하면서 판재의 선택이나 강렬한 입체적 부조를 기반으로 하는 '동판공예'라는 장르의 탄생은 한국에서 구성되고 발전되었다고 주장한다. 초창기 국내 공예 취미가들이 일반 건축용이나 산업용으로 나온 비교적 두꺼운 동판을 사용하여 실험(實驗) 작품(作品)들을 만들었으며 그림이나 문양・서체를 단순히 새김하는 단계에서 점차 부조효과를 가미하여, 표면착색을 시도하는 등 다양한 시행착오와 부단한 노력의 결과가 오늘날 현대 '동판공예'가 태생(胎生)되었다고 한다.

국내 다수의 동판공예인들이 '해외유입설'을 부정하는 주된 이유는 최초 유입자의 인적(人籍)사항과 유입경로, 초기형태, 보급된 내용이 불분명하며 당시 수입품들과 국내산과 비교할 때 재료로 쓰이는 동판의 두께나 강도 표면처리 가공기법 등에 많은 차이가 있다는 점을 들고 있다.

이들에 의하면 현대 '동판공예'는 1980년대 중반 손재주 좋은 대한민국 공예인들에 의해 구성되고, 토착화시키는 데 성공한 '한국자생설'만 유일(唯一)하게 인정(認定)한다.

동판공예는 일본에서도 일반인 및 학생교육으로 저변이 확대되고 있으며 동남아시아를 비롯하여 남아프리카 공화국, 서구 유럽 등지에서도 동판을 이용한 창작(Copper Creation)물들이 꾸준한 인기를 얻고 있다.

1990년대 초(初) 국내에 수입된 이집트산(産) 에칭동판

기타 동판을 이용한 미술품과

공예품의 저작은 '동판공예'라는 명칭과는 관계없이 세계 곳곳에서 다양하게 이루어지고 있다. 두꺼운 동판의 표면을 금속 조각도로 깎아 내어 표현하는 직각(直刻)동판화, 동판의 뒤를 끌 끝으로 두드려 입체적으로 조금하는 양각조각품, 구부리거나 성형하는 판금, 밑그림 필름을 이용한 에칭, 판재 위에서 폭약을 폭발시켜 순간 충격으로 화면을 얻는 실험적인 비구상 미술품 등이 있다.

3. 한국 동판공예의 발전(發展)

1990년대 초반 학생작품

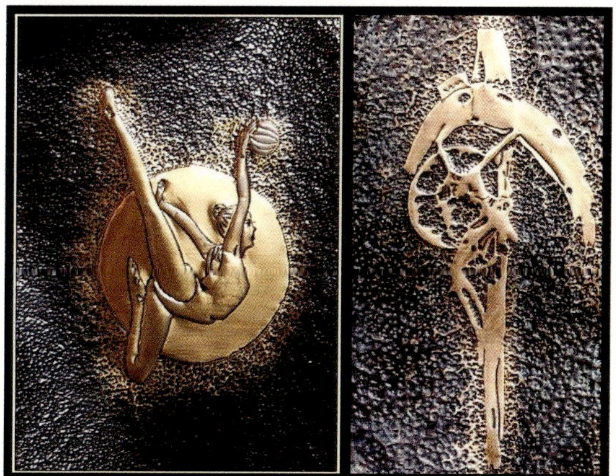

1990년대 중반 일반작품

동판공예는 1990년에서 1995년까지 5년간 지역문화원, 공예센터 등에서 부업에 관심이 있는 사람들이나 일반 취미가들을 대상으로 한 동판공예 강좌가 개설되어 많은 인원이 참여함으로써 이 공예가 국내에 널리 보급되고 확산되는 전성기를 이루었으며, 일반 초·중·고등학교에서도 동판부조 또는 동판화라는 명칭으로 미술실기, CA, 특별 계발활동 등에 활용되고 교육되었다.

1990년 중반, 이 시기에 때맞추어 인천광역시 남구 도화동에 소재한 공예품전문생산업체인 (주)한성산업에서는 별도로 동판화 부서를 두고 작품을 개발하여 국내외에 판매, 유통에 나섰으며 당시 수요에 따른 공급물을 충당하지 못해 동판강좌를 하는 학원에서 학생들이 만든 작품까지 매입에 나섰다.

1995년을 정점으로 2000년대에 들어서 교육공급의 수요는 양적으로 감소하였으나 질적(質的) 향상 시기로 체계적인 교육을 받은 전수자나 작가, 연구자들에 의해 직업적인 전문 공방운영자와 전업 작가가 늘어나기 시작했으며 1998년 미추홀동판공예연구소가 최초로 설립되어 공예이론의 정립과 기법연구가 활발히 이루어지고 있다. 최근에 들어 각종 미술대전(전람회), 전국규모 공예품공모전에 동판공예작품들이 출품되어 수상하는 등 좋은 성적을 얻고 있으며 관광기념품이나 공예품에 접목될 만한 최신분야로 새로운 조명을 받고 있다. 또한 2003년에는 정신지체 장애우를 위한 직업교육의 일안으로 신종교육과목으로 채택되어 국공립 재활기관에서 지역단위별로 동판공예 강좌가 이루어졌으며 당해 기관에서 장애우를 대상으로 하여 전국규모의 동판공예대회를 개최하였으며 정규 대학에서 동판공예과목이 개설되어 강의되고 있다. 또한 보건의료 분야에서도 환자의 정서적 치유목적이나 재활프로그램으로 동판공예를 시용하고 있어 이 분야 전공자들의 진출 전망을 밝게 하고 있다.

2004년 일반작품

2004년 학생작품

2004년 5~6세 유치원생 작품

4. 동판공예 발전과제

아름다운 생활환경 속에서 보다 좋은 물건을 사용하려는 인간의 욕구(慾求)와 창조적(創造的)인 본능에 의하여 현대의 새로운 배료(配料)와 기술을 개발함으로써 각종 문화산업 제품으로서 금속공예는 가장 중요한 비중을 차지하는 분야가 되었다.

이들 제품의 품목과 형태(形態)는 시대적인 배경, 지역적인 특색 및 사회 전반의 문화 수준에 따라 양상이 달라져 왔으며 현대사회의 요구에 의하여 다양해진 대상품을 필요로 하게 되었으며 앞으로도 더욱 전문화(專門化)된 공예품을 필요로 할 것이다.

1) 지도자 양성

현대적 의미로 재구성된 '동판공예'가 국내에 출현(出現)된 이후 학생, 취미가, 부업자 소수의 전업 작가들에 의해 꾸준한 성장과 저변확대를 이루어 왔다. 그러나 이 공예가 향후 꾸준히 발전되기 위해서는 좀 더 체계적인 이론과 실기를 갖춘 지도자의 양성이 필요하며 이에 따라 전문적인 미술과 공예 관련 소양을 지닌 고급인력의 참여가 요구되고 있다.

2) 창의적(創意的)인 아이디어의 접목(椄木)

전통은 현대의 본(本)으로서 계승되어야 하지만 전통에만 안주하여서는 자칫 구시대의 유물로 소비자들의 관심 밖으로 내몰리기 쉽다. 따라서 전통적으로 사용해 온 재료나 기법(技法)에 신기술과의 창의적(創意的)인 아이디어의 접목(椄木)이 필요하며 단조로움을 탈피하기 위하여 타 공예품과의 연계도 시도되어야 한다.

3) 디자인 개발(開發)

현대의 금속공예는 경제적(經濟的)이고 합리적(合理的)인 생산을 목표(目標)로 한 실용(實用)미에 역점을 두는 반면, 일품제작에 대한 관심과 더불어 수공예의 개성(個

性)화 시대가 전개되어 디자인에 대한 비중이 크게 높아지고 있다.

공예품에 나타나 있는 특징(特徵)은 합리적인 내용의 표현방법과 비합리적으로 보이는 것과 합리적인 것과 비합리적인 양상이 복합(複合)된 것 등으로 분류할 수 있다. 합리적인 작품은 단순한 형태나 구성에 초점을 맞추어 재료와 과학적인 기법을 바탕으로 제작 공정에서 얻을 수 있는 간소하고 직선적인 실용성(實用性)을 강조(强調)한 것이다. 비합리적인 작품은 자연이나 사물에서 소재와 영감(靈感)을 얻어 체험(體驗)하고 느낀 생각과 감정을 선(線)이나 형태(形態)로 상징적(象徵的)인 표현을 함으로써 공감(共感)을 얻고자 하는 것이다. 또한 이 2가지의 요소를 절충하여 실용성이 있는 예술로서 미적 감각과 창조력 및 기술을 복합한 방법이 있다. 그러므로 금속공예의 디자인은 제품의 특징과 용도를 파악하여 역점을 두는 방향에 따라 특성을 살린 형태가 되도록 하는 것이 바람직하다.

동판공예는 지금까지의 단순한 기능이나 형태의 문제를 떠나 표현방법 및 디자인에 있어서 무한한 가능성을 발굴하여 새로운 조형 세계를 개척해 나가야 할 것이다.

♣ Free Board: 이야기 샘터 ♣

작가(作家)와 자가(自家)는 구별되어야한다. 하던 일을 또 하고 또 하고 반복하다 보면 눈 감고도 혜안이 열려 있는 그 일에 귀신이 된다. 귀신(神)도 각자 전공이 있다고 한다.

> 물속에서 발을 잡아 당기는 '물귀신'
> 자고 일어나도 조는 '잠귀신'
> 먹어도 먹어도 배고픈 '걸신(神)'
> 멍석 깔아 주면 재주를 못 피는 '등신(神)'
> 이것도 아니고 저것도 아닌 건 '잡신(雜神)'

하는 일에 경지에 오른다는 것은 그 길이 바른 길이어야 하고 성실성이 담보되어야 한다.

필자 주변에 있는 사람들 중에서 스스로 작가라고 칭하는 사람이 여럿 있다.

금속공예가니 동판공예가니 하면서 스스로 자신의 격을 높이려 한다. 작가란 타인이 불러주는 명칭이지 본인이 만들어 작가가 되는 것은 아니다. 세상에 등극하지 않고 글 쓰고, 그림 그리는 사람 모두가 작가라면 전문성의 의미가 없는 공허한 낱말이 되고 만다.

자가발전기와 공용발전기가 다르듯이 작가와 자가(自家)는 분별되어야 한다. 그 일에 귀신이 되라! 그리고 세상 밖에 나와 신바람 나게 춤을 추어라! 바지 허리춤이 내려앉아 허연 엉덩이가 보이도록 춤을 추다 보면 그대 흘린 땀이, 부끄러운 속살마저도 아름답게 보일 때 타인들은 당신을 작가라 부르는 데 주저치 않을 것이다.

Part 02

동판공예(銅板工藝) 기초 이론

1. 동판공예 개념(概念)

동판공예는 구리 금속(金屬)이 주성분인 널판과 같은 판재(板材)를 주재료(主材料)로 사용하여 외부(外部)에서 도구나 수작업(手作業)으로 전체(全體) 또는 국부적(局部的)인 응력(應力)을 가(加)하여 입체적(立體的)인 부조(浮彫－Relief)를 띠도록 영구적으로 변형(變形)시켜 미적(美的)인 감각(感覺)이 가미(加味)된 쓰임새 있는 '실용품', '장식품' 등의 저작행위를 동판공예(銅板工藝)라 한다.

동판공예(copper plate craft)의 용어는 동판(copper plate)과 공예(craft)가 결합된 어원으로 동판화(銅版畵 copper plate engravings)의 판화(engravings)와 대별(大別)되며 동판에서 이루어지는 일품일작(一品一作)의 수공예라는 의미(意味)를 지닌다.

동판공예는 부조를 띤 원판(原板)을 그대로 사용하는 동판부조(銅板浮彫) 파트와 부조를 띤 원판(原板)을 오림, 절단하여 다른 부속물과 접합(接合)하여 완품을 만드는 동판조형(銅板造型) 파트로 분류할 수 있으며 금속공예의 대공에 속한다.

제작 목표나 사용목적에 따라 실용성(實用性)이 중시될 때는 '응용미술' 벽화나 액자형태의 걸게물과 같이 실용성에 별로 치중하지 않는 심미적인 감상물일 때는 '미술공예(美術工藝)'로 보는 측면(側面)이 있다.

♧ Sub notice ♧ 대공과 세공의 분류

금속제품은 일상생활과 밀접한 관계를 갖고 있는 것들로서 보통 대공과 세공으로 분류한다. 대공은 식기, 대접, 쟁반, 주전자, 잔, 수저, 칼 등의 생활용품에서부터 경첩, 자물쇠, 문고리 등의 가구 장식품과 조명 기구, 철제 기구와 같은 실내 장식품 및 건축용품 등이 있다.

반지, 목걸이, 팔찌, 핀과 보석류를 포함한 장신구 등의 제작물을 세공이라 한다.

※ 제작유형(類型)

현재 동판공예는 감상(感想)과 심미적(審美的)인 목적(目的)을 지닌 액자형태의 벽면 장식물이나 벽화 등 미술공예가 주종을 이루고 있으며 실용성과 기능이 복합된 응용물의 제작은 신규개발 여지가 무한한 분야이다.

- 감상용 미술품의 제작: 걸게형 액자, 벽화, 조형물 등
- 실용목적물의 제작: 장신구, 기념품, 시계, 간판, 조명등, 병풍, 수납장, 문갑 등

관광기념품 은율탈춤

성당감실

시계

아기 발 탁본

기념품

응용

동판공예 – 인물부조

2. 부조의 이해(理解)

동판공예 – 인체부조

부조(Relief)란 회화의 고유한 속성인 평면성과 조각 특유의 입체가 결합된 것을 말한다. 평면상에 형상이 도드라져 회화와 가깝지만 입체적인 감각이 표현된 점에서 조각의 일종이다.

조각은 미술의 요소 형태, 색채, 질감 중에서 형태의 양괴를 필요로 하며 물질의 재질감을 중요시한다. 양괴를 가지고 있는 중량감을 살리는 방법으로서 볼륨(Volume = 양감)과 물질의 재질감, 동세, 촉감 등이 요구되며 인류가 형태를 만들기 시작한 이래 양감의 문제는 본질적인 것이 되어 왔다.

재료에 의해서 목조, 금속조, 석조, 도조, 테라코타 등으로 분류할 수 있으며 오늘날 과학의 발달로 유리, 플라스틱, 섬유질 같은 다양한 재료들로 확대되고 있다.

♧ Sub notice ♧ 부조 릴리프(relief)라는 용어는 '렐리에보(relievo)'라는 이탈리아어에서 유래한 말이며, 형상이 돌출된 정도에 따라 고부저, 반부조, 저부저로 구분되며 그 외에 표면보다 낮게 표현되는 작품을 '심조', 표면과 거의 같은 높이로 표현되는 '육합조', 선에 의해 양, 음각을 표현하는 '선조(모조)', 불필요한 부분, 배경을 파내어 만드는 '투조'가 있다.

1) 동판공예 부조 종류(種類)

동판공예는 전통적 부조기법(Relief Method)을 바탕으로 평면상의 판재를 전, 후면에서 물리적인 힘을 가하여 낮게 내려 앉히거나 형상이 돋아 오르게 팽창(膨脹)시켜 입체적인 형판(型板)이 되도록 성형(成形)시킨다. 바닥표면을 기준으로 완성품의 돌출 높이에 따라 저부조(1～10㎜ 미만), 중부조(10～30㎜ 미만), 고부조(30㎜～이상)로 나뉜다.

동판공예 – 영모화

3. 동판공예 제작원리(製作原理)

동판을 외부에서 망치나 도구로 타력(打力)을 가하면 응력(應力) 작용하여 비틀림, 우그림, 내불림 현상이 생기는 것은 재료를 구성하고 있는 결정격자가 변위(變位－dislocation)되기 때문이다 동판부조는 판재에 변위의 성질을 띠게 하거나 본래의 성질로 회복되는 소둔(燒鈍) 작업을 통해 부조를 얻는다.

※ 원리흐름

물리적 응력 ⇒ 변위 ⇒ 가공경화(加工硬化) ⇒ 균형유지(均衡維持) ⇒ 영구고착(永久固着)

변형과 변위의 크기는 힘에 비례하며 변형이 일어난 곳에는 도드라져 팽창(膨脹)하게 된다. 팽창된 부분에는 본래의 형태로 돌아가려는 저항(抵抗)이 증가(增加)하게 되며 이러한 탄성(彈性)은 저항을 따라 큰 힘을 가(加)할 때 탄성한계(彈性限界)의 상승, 경도(硬度)의 증가현상을 나타내는데 이러한 가공경화(加工硬化－Workhardening＝Strain hardening)를 반복적으로 적절히 이용하여 동일 판면에 연성(軟性)과 경성(硬性)의 서로 다른 성질이 공존하게 하여 일체된 균형(均衡)이 유지하도록 영구 고착시키는 것이 동판공예의 제작원리이다.

동판공예－그리스도 고난상

♧ Sub notice ♧ 동판화

동판공예와 묘화방법과 기법에 있어 일부 유사성이 있는 동판화는 15세기 중반 서양에서 시작되었으며 동판화의 발명자로 알려져 있는 금은세공사 피니게라(Maso Finiguerra, 1426～1464)가 활동하던 시기는 르네상스 초기인 1430년대이다.

독일, 이탈리아 등 유럽지역에는 기술적 예술적으

로 가치 있는 유품들이 아직도 많이 남아 있다. 1445년경 구텐베르크(Johannes G. Gutenberg, 1400?～1468) 서양식활판 인쇄술이 발명되었고 피니게라에 의해 조각 오목판화가 종이에 프린팅되었다고 한다. 조각 동판화는 독일의 알브레히트 뒤러(Albrecht Durer)가 출현하면서 비약적인 성숙을 하게 되는데 뒤러는 인그레이빙(Engraving), 드라이포인트(Dry Point), 에칭(Etching)기법을 이용한 많은 작품을 남겨 판화의 대가로 유명하다.

동판화는 오목판의 대표적인 판화이다. 동은 그렇게 딱딱하지도 무르지도 않아 오래전부터 이용되었는데 정교하게 제작할 수 있으며 많은 부수를 찍어내어도 판이 잘 마모되지 않는 특징을 가지고 있다. 동판화는 꼭 동판만 사용하지 않고 아연판이나 스텐레스 등이 이용되기도 한다.

동판화에는 여러 가지 기법이 있다. 판에 직접 새겨 나가는 직각법과 간접적인 방식인 부식법(Caustic)이 있다. 직각법은 뷰린(Burin 마름모꼴 형태의 송곳 일종)이란 도구로 새기면서 그리며 정교한 화면을 만들 수 있는 라인 인그레이빙(Line Engreving)이 있다. 'V' 자형의 골을 새기듯 화면을 간다. 1㎝ 간격에 약 400개의 선을 새겨 넣을 수도 있다.

부식제는 강한 산을 사용하는데 라인 에칭의 경우에는 판재에 방식제(그라운드, 아스팔트 주원료)를 바르고 거기에 송곳으로 원하는 화면을 그리면 방식제가 벗겨져 금속면이 노출된다. 이것을 부식제에 넣어 부식시키면 방식제가 발라진 면은 그대로 있고 부식된 면만 오목하게 되어 화면을 만들어 내는 방법으로 에칭의 대표적인 기법이다.

1) 동판공예와 동판화의 차이점

동판공예와 동판화 비교표

분 야		동판공예	동판화
차이점	판의 변형	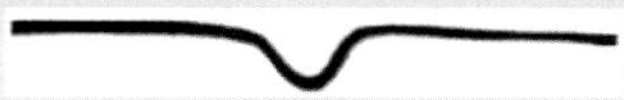 있음	 없음
	화면 구성	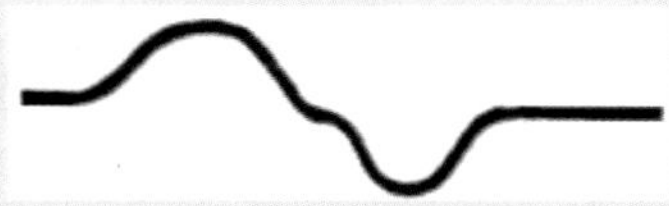 凹, 凸 동시 혼재 가능	 凹, 凸
	가공 후 원판의 무게	질량 - 거의 변화 없음 (부스러기 없음)	질량 - 양의 감소 (부스러기 있음)
	완성품 이용	일품일작의 단수로 이용	프린팅을 위한 복제가능
유사성	도 구	끝이 뾰족한 금필(Metalpen)을 사용하여 골이나 홈이 패이도록 직접 인각.	끝이 뾰족한 뷰린(Burin), 드라이포인트(drypoint) 등의 도구를 사용하여 골이나 홈이 패이도록 직접 인각 또는 에칭.
	부 식	표면착색개념의 부식.	질량 변화가 있는 에칭기법이 시행됨.

동판화는 인쇄(printing)를 주목적으로 두꺼운 동판 면 위에 뷰린(Burin)이나 드라이포인트(dry point) 등의 도구를 사용하여 직접 조각을 하거나 금속이 산에 녹는 성질을 이용한 간접적인 부식법으로 제작되는 프레스용 판화의 일종이며 똑같은 작품을 원하는 만큼 찍어 낼 수 있는 복수성 예술이다. 동판공예는 금속을 녹이는 부식법이나 판을 깎아 내는 조각기법이 사용되지 않으며 판 위에 금필(Metal pen)이라는 묘사도구를 사용하여 골이나 홈이 지도록 하여 입체적인 부조형태를 띠도록 가공되는 일품일작의 단수성 예술이다.

동판화와 동판공예는 흠집 내기, 새김 등 직접 묘사에 사용되는 도구의 용도가 일부 유사하며 동판화에서 오목판화(Intaglio)를 만들기 위한 부식기법이 동판공예에서 표면착색개념으로 응용되고 있다. 동판공예는 프레스(press)를 목적으로 하지 않기 때문에 판재의 선택이나 표면 가공이 동판화보다 훨씬 자유롭다.

<연화 쌍합도>

4. 동판공예 제작과정(製作過程)

1. 밑그림 제작(좌).

4. 물리적 가공(우)

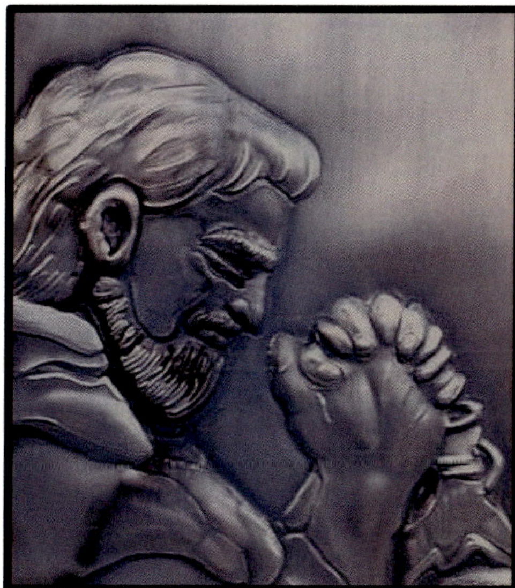

5. 화학적 가공(좌).

6. 명암내기(우)

※ 제작과정: 1. 밑그림 제작 ⇒ 2. 밑그림 전사 ⇒ 3. 새김 ⇒ 4. 물리적 가공 ⇒ 5. 화학적 가공 ⇒ 6. 명암내기(연마 광택) ⇒ 7. 방수 및 코팅 ⇒ 마감.

밑그림 돼지가족

1) 밑그림 제작

밑그림은 동판에 직접 그리는 방법과 전사 가능한 종이에 채본(採本)을 뜬 것이나 그린 것들이 사용되며, 제삭 전에 작품의 성격과 용도를 고려하여 제작한다.

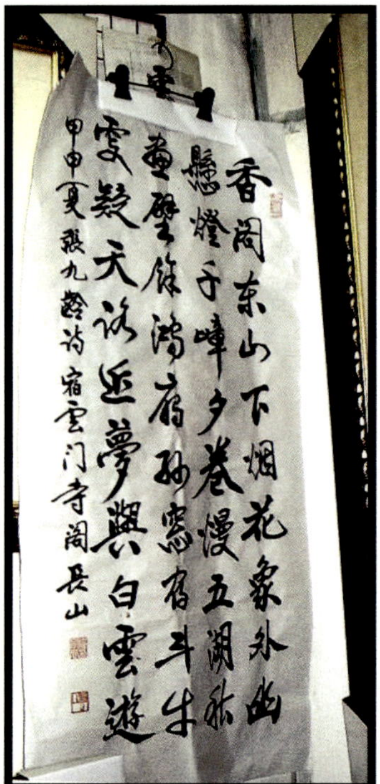
밑그림 서체원본

2) 밑그림 전사(轉寫)

동판 위에 먹지의 먹분이 묻은 면이 아래를 향하도록 올려놓고 그 위에 준비된 밑그림을 놓은 후 움직이지 않도록 끝부분을 집게나 접착테이프로 고정시킨다. 그 후에 유성볼펜(적색 · 청색)을 사용하여 밑그림 윤곽선을 따라 가볍게 눌러 가며 볼펜이 지나간 선들이 아래에 깔린 먹지를 통해 먹분에 의해 동판에 옮겨지도록 하는 작업을 밑그림 전사라고 한다.

3) 새김(印刻)

동판 위에 전사된 밑그림의 먹선을 따라 끝이 뾰족한 금펜(Metal pen)으로 주름살처럼 골이 파이도록 눌러 새기는 작업을 말하며 금펜은 주로 신주재질로 만들어진 것이 사용된다. 신주는 철보다 경도가 무르고 연삭성이 좋으며 새김 작업 시 동판과 마찰할 때 미세한 금속분이 윤활유와

밑그림 전사

같이 저항을 감소시켜 부드럽게 하는 효과를 낸다. 끝이 무뎌졌을 때는 사포로 쉽게 다듬을 수 있어 교정이 용이하다.

4) 물리적 가공

물리적 가공은 입체감을 얻기 위해 표면에 타력(打力)을 가하여 부조(浮彫)를 얻는 작업으로서 다양하게 시도된다. 새김으로 윤곽선이 드러난 부분을 기준으로 금속도구나 나무로 된 부조도구를 사용하여 전, 후면에서 긁거나 홈을 파기도 하고 질감을 얻기 위해서 무늬쇠가 이용되기도 한다.

반복적인 사선(斜線)운동으로 웅장감과 원근감을 줄 수도 있으며 요소에 따라 금필(Metal pen)로 세밀하게 그려 넣는 세화적(細畵的) 기법을 사용하기도 한다. 표면가공의 대표적인 기법으로는 피킹(picking)이라고 불리는 점압법(點壓法)이 있다.

이 기법은 라인펜으로 중심 소제 이외 부분을 조밀하게 두드리며 타점(打點)을 찍어 자연스럽게 중심 소제가 도드라져 올라오는 부조법을 말하며 타점의 밀도에 따라 동판의 표면강도를 높이는 효과가 있으며 우그러짐 현상을 줄여 가며 자연스런 부조효과를 얻을 수 있어 널리 사용되는 기법이다.

이 외에 더 많은 부조효과를 얻기 위해 전면 또는 후면에서 금속, 나무, 헝겊뭉치 등으로 누르거나 문지르면서(Scrub), 볼록하게 팽창(Swelling)

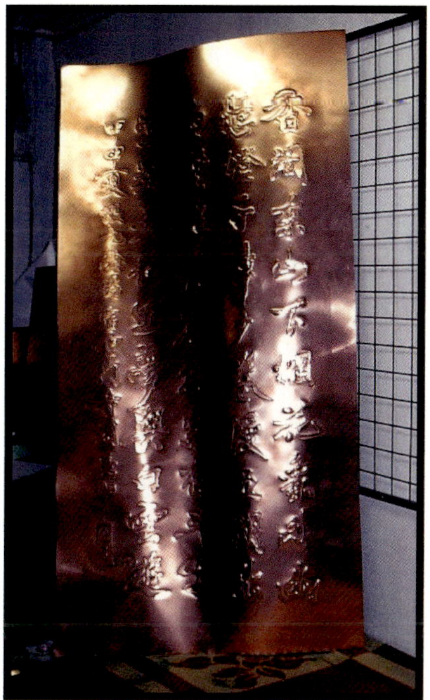

서체 새김

압법(picking)이 적용된 학생작품

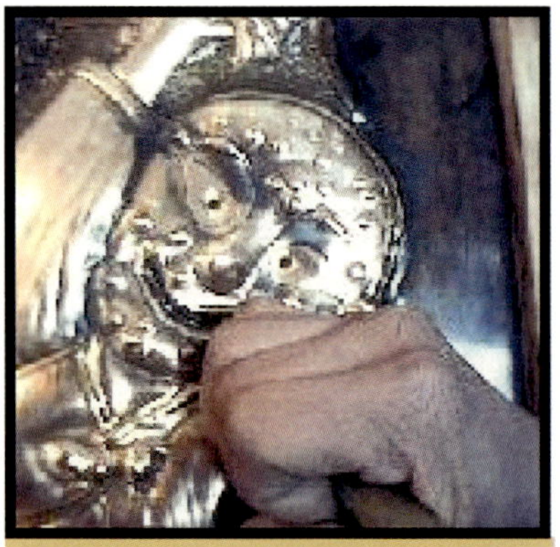

부조띄우기 1

부조띄우기 2

시켜 원하는 만큼의 볼륨을 얻기도 한다. 이처럼 물리적 가공기법은 각양이며 다양하게 시도된다. 좋은 작품을 만들기 위해서는 기법의 연구가 필요하며 알맞은 도구의 고안과 제작에 힘써야 할 것이다.

5) 화학적 가공

동판공예에서 일컫는 부식(caustic)은 화학적 표면가공으로 주로 바탕 색상을 균일하게 얻기 위해 적용되는 표면착색(coloring)의 일종이다. 동판이 산(酸)에 의해 깎여 나가는 동판화의 에칭부식과 다르다. 보통 식판 같은 용기에 미지근한 물을 붓고 은제(銀製) 착색, 도금용으로 이용되고 있는 황화칼륨(K_2S: 유화가리)이 대표적인 배경착색제로 이용된다. 이 착색 방법은 황화칼륨을 적당량 넣은 후 물에 용해시켜 가공된 동판을 용액에 잠기도록 담가 넣고 흑색 계통의 착색이 확인되면 꺼내어 깨끗한 물에 헹구어 건조시킨다. 황화칼륨의 농도에 따라 흑색, 진회색, 짙은 적색 등의 색상을 얻을 수 있다.

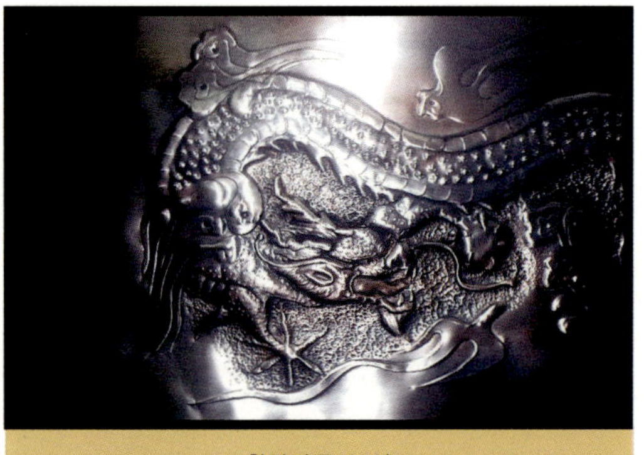

황화칼륨 부식

그 외에 녹청착색이 있다. 녹청은 자연상태의 구리녹(綠靑: Green rust) 효과를 인위적으로 만들기 위해 질산동(Copper Nitrate)이 이용되며 질산동 고체를 물에 녹여 수용액을 만들어 동판 표면에 붓이나 스프레이로 도포한 후 고열을 가하여 건조시킨 것으로서 질산동의 농도가 짙을 경우에는 청색, 엷을 때는 녹색 계통의 색상을 얻는다.

서체-황화칼륨 부식 후 녹청시행 3

황화칼륨 부식 후 녹청시행 1

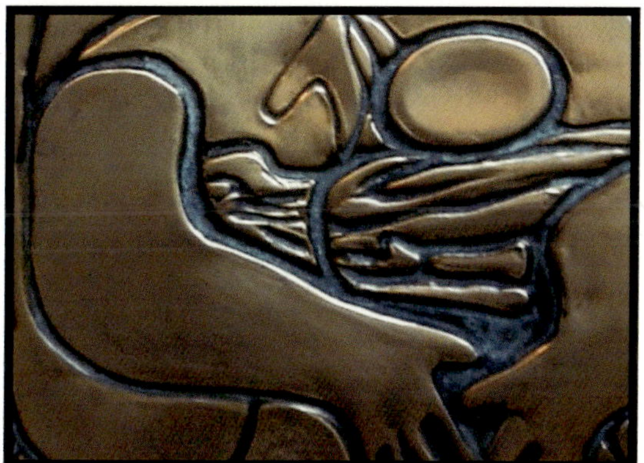

황화칼륨 부식 후 녹청시행 3

황화칼륨 부식 후 녹청시행 4

황화칼륨 부식 후 녹청시행 5

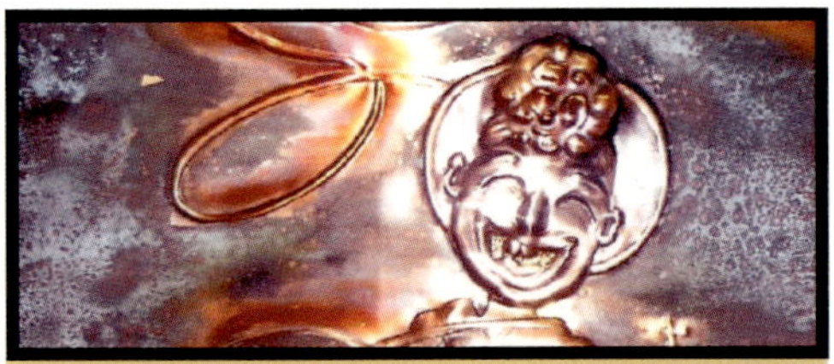

황화칼륨 부식 후 녹청시행 - 열처리로 부식된 작품

❖ 황화칼륨 - 적색>갈색>흑색질산동 - 녹색>청색고열처리 - 황색>적색>보라색>감청색

기타 토치램프로 2.400℃ 이상의 고열을 요소 부분에 순간 가열하여 열에 의한 표면부식을 이용하여 황색, 적색, 보라색, 감청색을 입히기도 한다.

♧ Sub notice ♧ 컬러링(coloring)

작품 성격에 따라 컬러링이 꼭 필요할 경우에만 투명도가 있는 재료를 사용하여 선택적으로 사용하는 것이 바람직하다.

일부에서는 아크릴래커(Acrylic Lacquer)나 수지 도료로 배경을 채색하기도 하고 중심 소제(例: 옷, 머리, 우산, 치마, 물고기 비늘, 입술, 눈동자 등)에 손쉬운 컬러를 입히기도 한다. 그러나 이 방법은 아류일 뿐 추천 권장할 만한 방법은 못 된다. 지나치게 coloring을 할 경우 금속성 입체감이 감소하고 동판공예인지 동판을 캔버스로 이용한 담채회화인지 구분이 안 가는 모호한 작품이 되어 버리기 때문이다. 동판공예는 단순하면서도 구릿빛 재료의 특성을 최대한 발현하도록 가공되어야 한다는 것이 동판공예가들의 정론이다.

6) 명암내기(연마 광택)

표면착색과정으로 얻은 바탕색에서 금속광택제나 사포를 사용하여 구리금속 특유의 광택이 발현되도록 착색된 부분을 벗겨 내는 과정으로서 저(低)광택에서 고(高)광택을 이용하여 화면 밝기와 명암을 조절하며 원근감과 윤곽(Out Line)을 표현하는 과정이다.

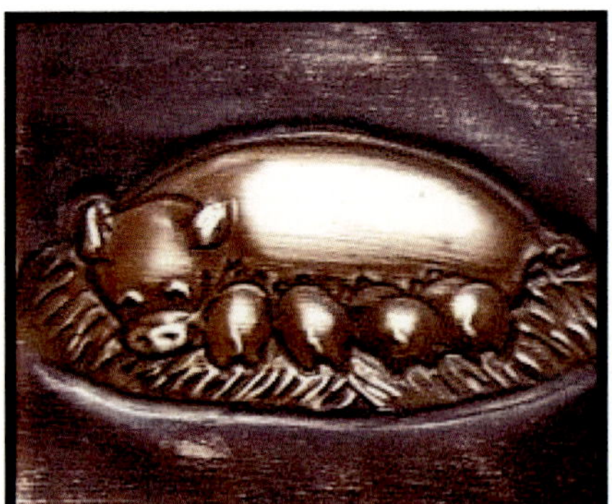

황화칼륨 부식 후 광택

7) 방수 및 코팅

동판이 노천(露天)에서 오래 방치(放置)되거나 공기와 오래 접촉할 때 표면이 검게 변하고 청록색 계통의 동록(green rust)이 슨다. 방수코팅은 이러한 동록으로부터 작품을 보호하고 광택이나 색감을 유지하기 위해 표면에 얇은 보호 방식 피막을 입히는 것으로서 그 대표적인 것이 도료코팅이다. 보통 분사용(blast painting)으로 시중에서 쉽게 구할 수 있는 투명 래커나 차량용 래커를 많이 사용하며 겉 유리가 없는 경우 내구력을 높이기 위해 자동차 도료를 이용하기도 한다.

그러나 도료코팅이 꼭 필요한 과정은 아니다. 도료코팅 대신에 금속왁스를 사용해도 액자에 넣어 마감할 경우 공기유입이 어느 정도 차단되어 광택이 수년간 유지되고 있는 것이 관찰되었다. 왁스코팅으로 마감한 작품들은 자연 부식이 서서히 진행되는 과정에서 얻어지는 무광에 가까운 색상이 도리어 작품의 진중(珍重)함을 배가시켜 주는 효과도 있다.

특히 도료코팅이 시행된 것은 추후 작품보수(補修)가 필요할 때 고착된 도료피복을 벗겨 내기가 용이치 않아 작품이 버려지기 십상이다. 방수코팅은 작자가 적용목적에 따라 신중하게 결정지어야 할 부분이다.

8) 마감

동판공예작품은 전면(前面)에서 강한 충격을 가할 때 부조된 부분이 움푹하게 함몰되어 복원이 안 되거나 우그러짐 등으로 애써 만든 작품에 흠결(欠缺)이 생길 수 있다. 유리나 별도의 외형커버가 없이 그대로 외기에 노출(露出)되는 벽화나 오림 형태의 부착물은 외부충격에 견딜 수 있도록 작품 후면에 움푹 파인 곳에 퍼티(모형재료)나 돌가루를 섞은 마블 등으로 채우는 충진 보강(補强)이 필요하며 부착될 장소의 인테리어 시공자와 상의하여 외곽 몰딩(molding)의 형태, 조명등의 조사(照射)위치 등을 상의하여 작품이 가장 잘 어울리게 설치(設置)될 수 있도록 협력하여야 한다.

액자형 작품전시 1

걸게형 액자에 넣어 거치할 때는 표구점에서 사이즈에 맞는 액자를 미리 주문하여 동판 취급방법을 알고 있는 작가가 직접 액자에 넣어 완성하는 것이 좋다. 액자는 유리와 작품(뒤판) 중간에 1㎝ 이상의 공간이 있는 이중 액자를 많이 사용하며 중・고부조 작품일 때는 돌출된 부분이 유리와 닿지 않도록 맞춤액자를 이용한다.

액자형 작품전시 2

액자는 사람에 비유하면 발가벗은 몸에 옷을 입히는 것과 같다. 전시 비용이 충분한 경우에는 값비싼 액자를 제작할 수도 있으나 액자도 패션 디자인처럼 유행이나 계절, 공간에 따라 제각기 다른 형태나 색채를 요구하므로, 성급한 판단에서 일괄적으로 주문하는 것은 사치나 단순함으로 치부될 수 있으므로 삼가는 것이 좋다.

일반적으로 소품의 경우에는 그 상황이나 정서 또는 판매를 고려하여 값싸게 주문할 수 있으나 대작의 경우에는 신중을 기해야 한다.

어쨌든 작가는 적은 비용으로 최대의 시각적 효과를 노릴 수 있도록 기본적인 역량을 키워야 한다.

♧ Sub notice ♧

※ 간추린 동판공예 제작순서

1. 밑그림 제작 ⇒ 동판에 옮겨 묘화하게 될 그림이나 문양 등을 스케치하여 제작하거나 본으로 쓰일 밑그림을 준비한다.

2. 밑그림 전사 ⇒ 동판 위에 먹지, 먹지 위에 밑그림을 올려놓고 볼펜으로 밑그림의 윤곽선을 따라 눌러 그어 가며 볼펜심의 누름 압력이 먹지를 통해서 밑그림이 동판에 copy되도록 한다.

3. 새김 ⇒ 먹지에 의해 동판으로 전사된 먹분이 묻은 윤곽선을 따라 금필 라인펜으로 기본 새김 작업을 한다.

4. 물리적 가공 ⇒ 기본 새김이 된 동판의 전면이나 후면에서 부조도구를 이용하게 도드라져 오르게 내어밀기를 하거나 점압법으로 피킹을 하는 등 물리적으로 성형을 시킨다.

5. 화학적 가공 ⇒ 황화칼륨(K_2S)을 이용하여 흑색바탕의 표면착색을 하는 등 화공약품에 의해 표면착색을 시행하는 과정으로 부식이라고도 한다.

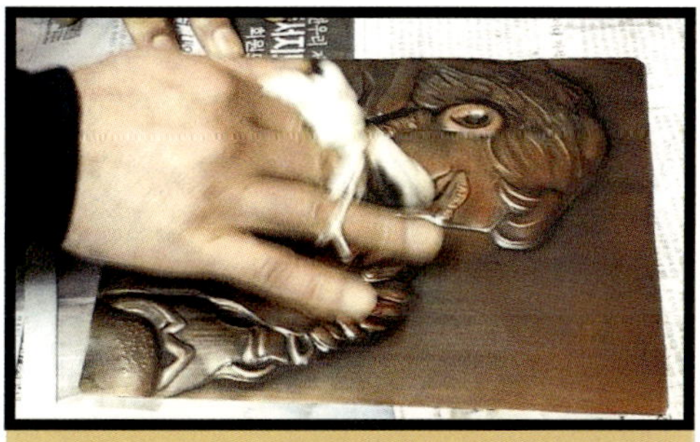

명암내기

6. 명암내기(연마 광택) ⇒ 흑색 등 단일색상으로 착색된 부분을 연마광택제로 벗겨 내며 광택의 정도로서 화면의 밝기(명암)로 원근감 등을 표현한다.

7. 방수 및 코팅 ⇒ 마감 ⇒ 완성된 작품이 자연 부식 등 변화에 늦게 적응하도록 보존처리하는 과정으로서 도료코팅이나 왁스코팅 등이 이용되며 최종적으로 거치될 형태에 따라 액자나 프레임, 타 기물 등에 접목하거나 고착시켜 마감한다.

5. 동판공예품의 특징(特徵)

동판은 유연하여 가공하기가 쉽고 산화(酸化)부식이 잘되지 않는 내마모성 금속으로서 작품의 보존력이 극히 우수하며 도색(塗色)된 미술품에 비하여 노후수리나 원형 복원(復原)이 용이(容易)하다.

구리 특유의 온화(溫和)한 적동색 발광(發光)은 중요한 요소로 작용하며 작품이 놓인 위치에 따라서 주변 유입광(光)이 혼합되어 독특한 아름다움을 더해 준다. 색조(色調)나 명암(明暗)이 비교적 단순하다. 그러나 화려하지 않은 은은한 수묵화(水墨畫)나 구리거울과 같이 오래된 청동유물을 대하듯 클래식한 고전적(古典的)인 분위기가 있으며 대형 부조물은 금속의 묵직한 질량감과 함께 장중함을 느끼게 한다.

❖ 특 징

- 유연하여 가공하기가 쉽다.
- 내마모성 금속으로 보존력이 우수하다.
- 색과 유입광에 의한 반사 빛이 아름답다.
- 금속성 질량감이 있다.

소품모음

Part 03

동판(銅板)

1. 동(銅)

일반적으로는 모든 물질은 원자로 구성되어 있다. 현재 100여 종의 원자가 알려져 있으며 이 가운데 구리는 지구상에 널리 분포되어 있다. 자연계에서 원소상태로 발견, 녹는점이 타 금속보다 낮아 그 옛날 선인들이 구리광석이 노출된 곳에서 화롯불을 때며 군집 생활을 할 때 그 불 땐 자리에서 구리가 발견되었다는 추측설이 있을 만큼 제련이 쉽고 가공이 용이하여 인류가 가장 먼저 이용하기 시작한 금속이 구리이다.

1) 동의 특성과 성질

구리는 자석(磁石)에 붙지 않는 비철로서 붉은 빛을 띠고 있으며 밀도가 9.0/㎖인 비교적 구부리기 쉬운 금속이다.

구리의 일반적 성질

원소	비중 (20℃)	용융점 (℃)	비열 (Cal/g ℃)	선행평창지수 (10^{-6}/℃)	열전도도 (Cal/㎠/sec)	비전기저항 (10^{-6}Ω.㎝)	탄성계수 (10^{-5}kg/㎠)	인장강도 (kg/㎠)	연신율 (%)
구리 Cu	8.96	1.083	0.092	16.2	0.94	1.55(0℃)11.3	11.3	24~26	15~35

구리의 결정구조는 면심입방격자이며 공기 중에서 용융되는 것은 산소를 흡수하여 산화동(Cu_2O)으로 조직 속에 나타난다. 또한 구리는 철강보다 내식성이 우수하고 습한 공기 중에서도 별로 변화되지 않는다. 암모늄염이나, 탄화가스가 있는 곳에서

는 녹청($Cu_2(OH)_2$)이 발생한다. 금, 은 다음으로 열과 전기를 잘 전달하며 연성과 전연성이 높아 성형(成形)·절삭(切削)소성변형이 쉽고 다른 금속과의 합금(동+주석=청동, 동+니켈+아연=양은, 동+아연=황동(놋))성이 우수하고 아름다운 광택을 지니고 있다.

구리의 물리적 성질

융 점	비등점	비 중	비 열	용융잠열	선팽창계수	열전도율	비저항
℃	℃	20℃	℃ Cal/g℃	Cal/g	20℃ × 10^{-6}/℃	20℃ Cal/㎝/sec ℃	20℃ μΩ㎝
1083	2360	8.96	0.092	50.6	16.5	0.94	1.7241

※ 동과 동합금이 다른 금속과 비교하여 우수한 점은 다음과 같다.

(1) 전기 및 열의 양도체이다.
(2) 부식이 잘 안 된다.
(3) 색이 아름답다.
(4) 유연하며 가공하기 쉽다.
(5) 아연, 주석, 니켈 등과 합금이 잘되며 귀금속 성질을 가진다.

2) 동(銅)의 용도

철은 제련하기가 쉽지 않으나 구리는 녹는점(1083℃)이 철보다 낮고 연하여 가공이 쉬운 성질을 지니고 있어서 청동기시대부터 오늘날까지 다양한 용도로 이용되고 있다. 구리는 전기전도도가 우수하여 발전소 송전선, 전동기, 통신, 전자회로기판, 반도체 리드프레임, 계측기 등 전기·전자 공업에 없어서는 안 될 귀중한 재료로 쓰이고 있으며 내식성·전연성을 이용한 인쇄재료, 급수용재료, 쇠그물, 기타 동판화·동판공예·칠보공예·조형미술재료로 많이 쓰인다. 구리 합금으로는 황동(red brass), 청동(bronze)이 많이 쓰이며 이들은 기계부품, 건축재료, 가구, 장식, 화폐, 메달 등에 다양하게 이용된다.

3) 동(銅)의 제련

모든 금속재료는 광석(鑛石)으로부터 필요한 물질을 선광하여 제련(製鍊)하고 이것을 정련(精鍊)하여 얻어진다. 구리는 천연에서 홑원소 물질로 산출(産出)되는 것도 있지만, 대부분이 광산(鑛山)에서 황동광 $CuFeS_2$으로 산출된다. 황동광과 석회석, 코크스를 섞어 1300℃로 가열하면서 태우면 조동이 얻어진다. 이를 전기 분해하여 순수한 구리(순도 99.98% 이상)를 얻는다.

기계적 성질은 구리의 품위, 용해방법, 주조기술, 열처리 및 가공에 의해 현저한 차이가 있다.

4) 순동(純銅)

동은 자연상태에서 황동광($Cu_2Fe_2S_2$) 또는 휘동광(Cu_2S)으로 존재한다. 이것을 높은 온도에서 건식 재련하여 조동(粗銅)을 만든다.

(1) 전기동

조동은 불순물이 많고 금, 은, 동을 함유하고 있어 이것을 전기분해하여 얻어진 것을 전기동이라 한다.

(2) 정련구리

전기동은 순도가 높고 메지기 때문에 가공이 곤란하다. 전기동을 반사로에서 산화성 분위기로 용융시켜 수소함량을 저하시키고 또다시 폴링(Poling)하여 산소함량을 0.02～0.14%로 줄여서 금형에 주입한 것을 정련구리라 한다. 이 구리는 열전도율이 높아 동판, 동선, 동봉 등에 가공하여 전기공업에 널리 쓰고 있다.

(3) 탈산구리

구리를 용융시킬 때 흡수한 산소 함량을 줄이기 위해 인(P)을 첨가시키면 산소가 0.01% 이하로 저하된다. 이때 첨가한 인은 0.02% 정도로 유지하게 만든 것을 탈산구리(Deoxidizing copper)라 한다. 이 구리는 용접성이 좋고 보통 가스관, 열교환관, 오일관, 액체도관용으로 쓰인다.

(4) 무산소구리

산소 또는 인을 함유치 않은 동을 용융할 때 진공상태 또는 일산화탄소 분위기에서 용해주조하면 산소 0.002～0.001%를 함유하게 된다. 이 구리의 성질은 전도율이 높고, 수소 메짐성이 없으며, 가공이 우수하여 주로 전자기 등에 이용된다. 또 유리의 부착성이 좋아서 진공관 연결도선으로 사용된다. 이 구리를 무산소구리(O.F.H.C.: oxygen free high conductivity copper)이라 한다.

♧ Sub notice ♧ 대표적 동합금, 청동과 황동

동 및 주석 이외의 다른 원소를 첨가한 합금을 일반적으로 청동(bronze)이라 한다. 청동은 α, β, γ, δ 및 η 등의 고용체와 $Cu_4.SnCu_3.Sn$ 화합물을 형성한다. 색은 구리적색 또는 등황색을 나타내며 연하고 전연성이 크다. 대기 중에서 내식성이 강하나 높은 온도에서는 산화되기 쉬우며 옛날에는 화폐, 거울 등을 만들어 사용한 재료이며 산이나 알칼리에 약하다.

황동(red brass)은 진유라고도 하며, 구리의 45% 이하의 아연을 합금한 것을 말한다. 또는 다른 원소를 소량 첨가한 합금을 총칭하기도 한다. 황동 중에 아연함량이 증가하면 전기전도도와 열전도도가 급격히 저하된다. 판, 봉, 선, 악기, 장식품, 탄피, 베어링 등 다양하게 이용되고 있다.

5) 동판공예 부조용 쓰임동판

동판사용 예표

형 태 두께(㎜)	판(sheet) 폭(㎜)	강 도	적 용	용 도
0.1㎜	200㎜	연 질	응용작품	1차 가공 후 오림, 절단하여 장식물로 사용하거나 하드보드지 또는 단단한 별도의 이면에 부착할 용도로 이용된다. 연질은 평판 우그러짐 현상이 극히 심하여 취급상 주의가 필요하며 경질의 경우 학생미술용으로 쓰이기도 한다.
		경 질		
0.15㎜	200㎜	연 질	소형작품	중・저부조－학생 및 취미, 연습용.
		경 질		저부조－손, 발, 탁본, 문양, 서체 연습용.
0.2㎜	400～600㎜	연 질	중형작품	중・저부조－일반적으로 널리 이용되는 규격으로서 연질은 부조내기가 수월한 반면 평판 우그러짐이 크고 경질은 부조내기는 연질보다 떨어지지만 평판 우그러짐 현상이 적다.
		경 질		

형 태 두께(㎜)	판(sheet) 폭(㎜)	강 도	적 용	용 도
0.3㎜	400~ 600㎜	연 질 경 질	중・대형 작품	중・고부조-벽화 등 비교적 규모가 큰 작품에 이용되며 강도가 중시될 때는 경질, 부조가 중시될 때는 연질이 사용된다.
0.5㎜	600㎜	경 질	중・대형 조형물	유리 등 보호망이 없이 외기에 직접 노출되는 작품을 만들 때 사용되며 경우에 따라 판금, 오림, 절단, 용접 등 부차적인 작업이 수반된다.
0.5㎜ ~이상	야외 설치물이나 조형물 용도로 이용된다.			

동판공예에서 쓰이는 동판은 주로 순도가 높은 정련구리로 만든 동판을 사용하며 표면이 균질하고, 치밀하며 광택이 우수하고, 마모가 적으며 신축 인장력이 있어 소성변형이 용이한 동판이 좋은 재료이다. 부조용도에 맞는 판재의 두께는 수작업으로 소성변형이 가능한 두께 0.1~0.5㎜, 정도의 판재가 사용되며 무르거나 굳은 정도에 따라 연질(軟質)・경질(硬質)로 나누며 시판되는 동판의 폭은 보통 20㎝, 40㎝, 60㎝ 형태로 일정 중량단위로 코일(Coil)에 감겨 있다.

동판

동판공예에서 부조용도로 일반적으로 널리 쓰이는 동판은 두께 0.2㎜ 경질(1/2) 치수가 많이 사용되며, 작품의 성격이나 조형의 규모에 따라 판재의 선택이 다를 수 있다.

♣Free Board: 이야기 샘터♣

근수를 속이는 악덕업주 조심!!! 근수를 속이는 악덕업주도 있으니 근수에 속지 말 것. 개량할 때는 옆에 서서 확인하는 것이 좋다. 銅은 금, 은, 동 할 때 동으로 화폐적 가치가 있다. 따라서 쓰다가 망친 것, 재단하고 남은 자투리 등을 억지로 구겨 쓰레기통에 버리지 말고 일정기간 모아 두었다가 한꺼번에 되팔면 자원 활용에도 동참하고 용돈도 생긴다.

* 파지 구리가격은 1㎏당/약 2000원 선으로 약간의 가격변동이 있다.

동판가격은 휘발유처럼 조금씩 변동이 있으나 대략 1㎏당 6000~7000원 정도이며 많이 구입할 경우 할인도 가능하다. 대략 60×100㎝×1m ====> 1㎏ 정도 된다.

Part 04

도 구

1. 금필(金筆, metal pen)

금필(metal pen set)

동판공예용 기본도구 금필(metal pen)은 주석과 동의 합금인 신주 봉으로 만들어져 있다. 철(鐵)보다 경도(硬度)가 무르고 연삭성이 좋아 동판공예에 널리 이용된다. 신주(황동)는 변하지 않는 쇠라 하여 진유(眞鍮)라고도 부르며 구리와 45% 이하의 아연과의 합금이다.

전연성이 낮은 반면, 인장강도가 크며 동판 위에서 드로잉 작업 시 표면마찰로 인한 충돌을 완충할 수 있는 적정한 마모의 금속분체가 나와 볼펜의 기름성분의 잉크처럼 작용하여 부드럽게 드로잉 작업을 할 수 있다. 연삭성이 좋아 사포로 잘 다듬을 수 있어 도구가 무뎌졌을 시 수정과 교정이 용이하다. 아연함량이 많으므로 탈아연 부식을 일으키기 쉽다.

1) 금필의 종류와 쓰임새

금필(metal pen set)

도구명	모 양	쓰 임
라인펜 line pen		가는 선을 그은 소묘(drawing)도구로서 세밀 묘사나 화면스케치용으로 쓰이는 기본도구이다. 끝이 송곳처럼 뾰족하며 홀펜(holepen)이라고도 불린다.
피크펜 pick pen		닭의 부리로 모이를 쪼는 것처럼 화면을 톡톡 두드리며 타점을 찍어 부조를 내는 '점압법(picking)'에 사용되는 도구로서 라인펜과 모양은 똑같으나 끝이 예리하지 않고 조금 뭉툭하다.

도구명		모 양	쓰 임
바운더리펜 boundary pen	(소)		부조를 낸 부분이 더욱 견고하게 성형될 수 있도록 외곽선을 문지르며(scrubing) 판의 강도를 높이기도 하고, 우그러진 판형의 균형을 잡는 '평판잡기'에도 사용되는 도구이다. 끝의 굵기에 따라 중형 · 소형으로 구분한다.
	(중)		
라운드펜 round pen.			전, 후면에서 도드라지게 부풀어 오르도록 내어밀기(swelling)를 할 때 사용되는 부조용 도구로서 끝이 절구 공이처럼 둥근 원형이다.
썸브펜 thumb pen			썸브펜은 엄지손가락 모양을 하고 있는 부조용 도구로서 넓은 면을 내어밀거나, 동판에 구김이나 흠집이 있을 때 교정용으로 사용된다.

♧ Sub notice ♧ 금속의 강도

강도는 인장강도, 파열(Damage)충격강도 등이 있으며 금속의 강도는 일반적으로 인장강도가 많이 요구된다. 인장강도는 금속 양끝을 고정시켜 잡아당겼을 때 소요된 응력을 재료의 단면적으로 나눈 값을 표시한다.

응력이 적을 동안 (0～A) 점의 응력을 제거하면 먼저 상태로 돌아가지만 더욱 잡아당기면 응력을 제거하여도 먼저 길이로 돌아가지 않고 영구히 늘어나 있으며 그 위에 더 응력을 가하면 재료는 파열된다. 이와 같이 파열직전의 영구히 늘어난 재료의 단위 길이당 %로 나타낸 것을 연신율이라고 한다.

※ 동판의 비커즈: hardress(He)를 다른 물질과 비교하면

납: 20～30, 금: 20～50, 알루미늄합금: 20～140, 동: 50～120, 황동: 60～200.

칼, 면도날 600～700, 초경합금, 1.200～1.800, 다이아몬드 5.000～6.000.

2) 용도에 따른 도구의 제작

기본 금필로 정형화된 것들은 보편화된 도구일 뿐 동판공예에 필요한 도구의 전부라고 말할 수 없다. 작품 성격에 따라 새로운 도구를 필요로 한다. 이럴 경우 나

무, 플라스틱, 쇳조각 등 모두가 유용한 도구가 될 수 있으며 적합한 형태나 폼이 될 때 자신만의 도구로 자리매김하게 되는 것이다. 개성 있는 작품은 도구와도 깊은 연관이 있다.

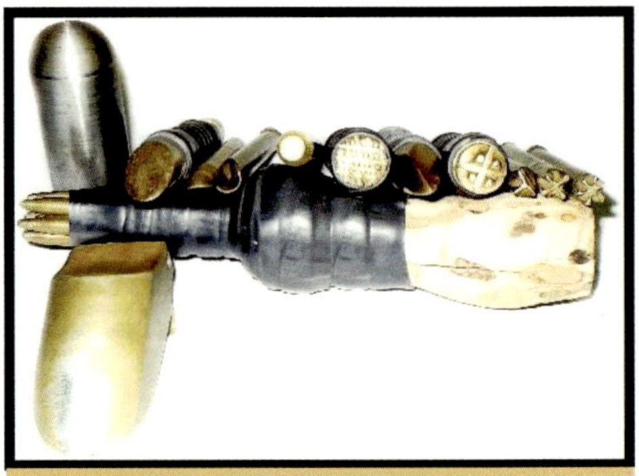

다양한 도구모양

2. 목필(木筆, wood pen)

목필(木筆)은 주로 부조효과를 낼 때 많이 사용(使用)하 며 작품에 따라 쓰임새에 따라 작자(作者)가 직접 고안하고 만들어 사용하기도 한다. 금필의 경우 부식으로 피막된 동판에서는 걸림 등 정체현상이 있어 운용하기에 장애(障碍)가 있으나 목필은 정체현상이 없어 부식된 동판 전후면 어디에서나 쉽게 작업을 할 수가 있다.

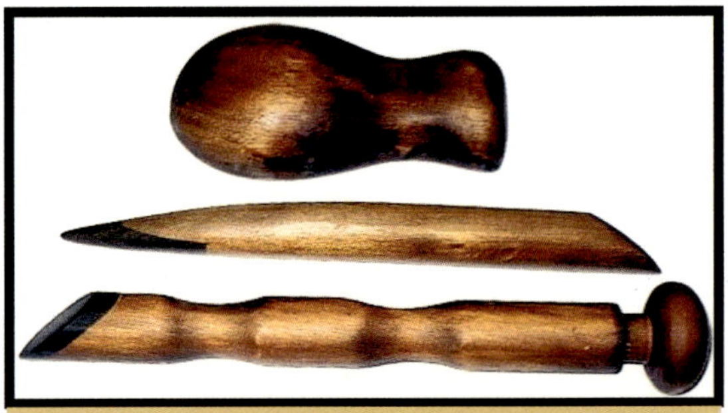

목필

목필의 한 종류인 우드라인(wood line pen)과 우드푸쉬(wood push)는 마찰마모가 적고 경도가 커야 한다. 주로 흑단이 이용된다. 흑단(黑檀 ebony)은 지구상에서 존재하는 나무 중 최고로 단단한 나무이다. 주로 고급가구 재료로 사용되며 동남아시아 인도에 많이 자생되며 흑색 계통의 컬러를 지니고 있다. 그 외 마우스펜, 볼필 등은 경도가 중간 정도로 신축성(휨, 인장강도)이 있는 목재가 이용되며 주로 소나무, 삼나무, 낙엽송이 많이 쓰인다.

♧ Sub notice ♧ 목재

목재는 예부터 건축, 집기, 가구 등을 만드는 데 사용되어 왔기 때문에 우리들에게 친숙한 재료다. 비중(무게)이 가벼워서 자르거나 깎아서 쉽게 가공할 수 있다. 또한 목재에서 느끼는 따스함, 천연적인 아름다운 무늬를 얻을 수 있다.

익히 잘 알고 있듯이 우리나라에서는 사용되는 목재의 대부분이 수입에 의존하고 있다. 목재로 사용되는 침엽수는 상록수(늘푸른나무) 잎이 바늘모양으로 되어 있다. 일반적으로 재질이 연한 비자나무, 노송, 소나무, 삼나무를 말하며 재료로 사용되기 위해서는 적어도 30년 이상 되어야 한다.

활엽수는 잎 모양이 넓으며 봄에 싹이 트고 가을에 잎이 떨어지는 나무로 일반적으로 북반구에 많이 분포한다. 재질이 비교적 단단한 참나무, 밤나무, 너도밤나무 등이 이에 속하며 목재로 사용하기 위해서는 수령이 80년 이상이 되어야 한다.

목재의 성질

목재의 성질은 화학적(셀룰로오스, 수지분, 회분) · 물리적 성질로 나눌 수 있는데 물리적 성질은 다음과 같다.

1. 인장 및 압축강도

목재를 인장하고, 압축할 때 생기는 외력에 대한 내부저항을 말하며, 섬유의 평행방향이 가장 크고, 직각 방향이 가장 작다.

2. 휨강도

압축, 인장 및 전단 등의 압력이 복합되어 작용하고 처음 압축 면이 좌골되어 파괴되고 그 반대편이 인장되면서 중간층에서 전단력이 작용하게 된다.

3. 전단강도

모재의 전단강도는 세포의 배열상태로 인하여 섬유의 평행한 방향의 전단력이 대단히 약하다. 따라서 전단력은 섬유의 직각방향이 강하다.

4. 경도

목재 면에 대한 마멸의 내부저항이 되며, 경도는 목구(중심) 면이 제일 높고, 정목과 판목은 별 차이가 없다. 일반적으로 비중이 큰 나무가 경도가 높다. 목구 면의 경도는 정목의 약 3배 정도이다.

1) 목필에 부분적으로 쓰이는 흑단과 다른 재료의 강도 비교표

수 종	비 중	강 도			
		압 축	인 장	휨	전 단
삼나무	0.38	400	480	500	52
계수나무	0.50	400	1,000	750	85
참나무	0.85	560	950	610	130
흑단	1.16	790	-	-	-

2) 목필의 종류와 쓰임새

목필의 종류

도구명	모 양	쓰 임
우드라인 wood line		부식된 판면에 선을 긋는 소묘(drawing)도구로 이용되며 끝이 라인펜처럼 뾰족한 모양이다. 선을 긋는 끝 면에 '흑단'이 사용된다.
우드썸브 wood thumb		엄지손가락 모양을 하고 있으며 썸브펜과 흡사한 용도로 사용된다.
우드볼 wood ball		부식된 판면에서 도드라지게 부풀어 오르도록 내어밀기(swelling)를 할 때 사용되는 부조용 도구로서 끝이 절구 공이처럼 둥근 원형이며 라운드펜과 흡사한 용도로 사용된다.
우드푸쉬 wood push		부식된 판면에 부분적 우그러짐이 있을 때 요소 부분에 압력을 가해 평편히 펼 때 사용된다. 끝이 넓적한 모양이며 '흑단'이 사용된다.
우드마우스 wood mouse	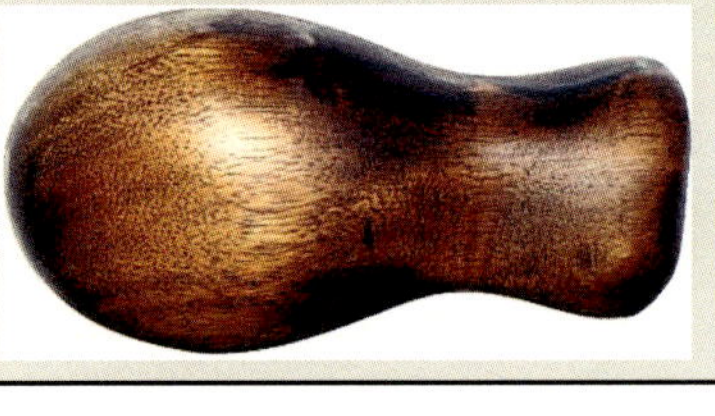	가장 넓은 면을 긁힘 자국이 없이 부드럽게 내어밀기를 할 때 이용되는 도구로서 컴퓨터용 마우스 모양을 띠고 있다. 밑면이 평편한 반원형이며 사용목재는 약간의 신축성이 있는 소나무종류가 쓰인다.

3. 기타도구와 보조용구

1) 망치(Hammer)

동판에 직접 타력을 가하여 금필 또는 무늬 쇠의 머리 부분에 타격을 하여 성형을 할 때 사용된다. 펴 주는 망치(Planishing hammer)나 꼭두망치(Forging hammer)라 불리는 단조용 외망치가 이용된다.

2) 부식그릇

동판이 부식액속에 잠기도록 하는 '잠김부식'이나 표면처리 시 이용되는 그릇으로서 밑이 편편하고 그릇 깊이가 얕으며 입이 넓은 식판이나 쟁반 같은 용기가 적당하다. 화학적 내식성이 강한 스테인리스 재질이나 합성수지 그릇이 좋다.

3) 하드보드(hard board)

하드보드/스틸강판과 M,D,F 합판

하드보드는 우그러진 동판을 원래대로 평편(平便)하게 펴거나 도드라진 부조로 인하여 전체 또는 부분적으로 판이 불균형을 이룰 때 판형이 균형을 이루도록 조치하는 '평판 작업'에 바닥깔판으로 사용되는 단단한 합판을 말한다. 베니어판은 여러 번 사용할 때 나뭇결이 일어나기 쉬워 잘 사용하지 않으며 주로 섬유합판(M.D.F)이 적정한 재료로 평가받고 있다. 그 외에 더욱 견고한 재료로는 스틸강판이 있다.

♧ Sub notice ♧ M.D.F.(MEDIUM DENSITY FIBER BOARD)

목재 CHIP(톱밥)을 고온, 고압하에 섬세 유화하고 특수접착제와 함께 영압 성형한 BOARD를 말한다. 일반적으로 나뭇결과 강도상의 방향이 없으며, 흡음, 단열 재료로 주로 내장판으로 쓰이며, 천정재로도 사용한다. 표면이 고운 것(이것을 보통 M.D.F.라 칭함)과 거친 것(PARTICLE BOARD)으로 구분할 수 있다.

두 가지 모두 용도별로 마감재를 사용하여 제조한다.

(참고－＞FIBER BOARD: 볏짚, 톱밥, 목펄프, 침전펄프, 파지, 마피, 파목 등의 저렴한 원료를 사용하여 내수제, 합성섬유, 접착제를 첨가시켜 가공, 정척 마감한 판재류, 연질과 반경질, 경질판으로 구분된다.)

4) 션패드(cushion pad)

신축성이 없는 딱딱한 바닥에서는 도드라진 내불림 부조가 어렵기 때문에 동판이 놓인 딱딱한 밑바닥과 서로 맞닿지 않도록 중간에 넣어 완충(緩衝)용으로 사용된다. 너무 신축(伸縮)이 강할 경우 요소 부분 이외에 전체가 함께 우그러져 적합하지 않으며 너무 약하면 효과가 적다. 단회성 학생 실습에는 간이적으로 신문지를 여러 겹 깔거나 문구용 고무판을 사용하기도 하지만, 주로 외피(外皮)털이나 보풀이 적은 화학섬유 재질의 '담요'가 널리 이용되고 있다.

쿠션패드(cushion pad)

Part 05

제작준비(製作準備)

1. 동판 절단(切斷)

1) 절단선 긋기

시중에서 동판을 직접 구입할 경우 소량일 때는 미터 단위로 잘라서 판매하기도 하지만 보통 중량단위(kg)로 원하는 양만큼 둥그렇게 롤 형태로 감아서 원단을 가져오게 된다. 동판을 절단할 때는 미리 각도자와 직자를 가지고 연필이나 수성 사인펜으로 절단선을 긋는다. 절단선을 그을 때는 원하는 치수와 매수에 따라 정확한 계산을 하여 실시되어야 하며 가능한 쓸모없는 자투리가 남지 않는 것이 잘된 절단이다.

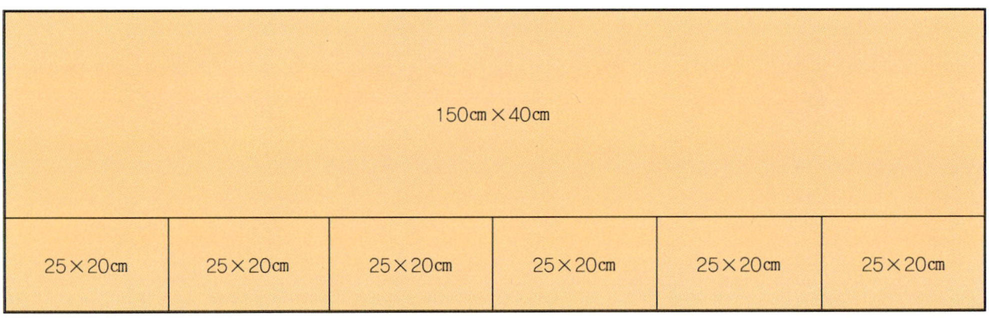

그림 1

예를 들어 '가로 150㎝', '세로 60㎝' 동판을 가지고 20×25㎝ 판을 6개 절단해야 될 경우 그림 1처럼 절단하게 되면 나머지 동판(150㎝×40㎝)으로는 추후에 세로 60㎝ 폭의 동판을 이용할 수 없게 된다.

그러나 그림 2처럼 절단된다면 절단 후에도 세로 60㎝ 폭의 동판을 사용할 수 있게 된다.

그림 2

2) 절단하기

절단할 때는 바닥을 청결히 하고 동판이 닿은 면적에 신문지를 깔거나 담요를 얇게 깔아서 동판 표면에 상처가 될 만한 모래알이나 이물질이 없도록 한다.

동판을 작업하기 편한 방향으로 펼치고 상처가 나거나 손지문이 묻지 않도록 장갑을 착용한다. 사용되는 가위는 함석이나 금속판 절단에 사용하는 쇠 가위가 쓰이기도 하지만 일반 옷감원단을 재단할 때 쓰이는 아귀가 큰 가위가 많이 사용된다.

아귀가 작은 가위로 여러 번 가위질을 할 경우 가위 자국이 절단면에 남기도 하고 긴 면을 자를 때 진행에 방해가 되기 때문이다.

3) 청결 작업

동판이 자연 부식되었거나 이물질에 오염되었을 경우 새김 작업 시 오염 부분에서 선이 정체되거나 거칠게 그어진다. 동판 오염의 주원인으로는 공장에서 묻어 온 기름, 오래 방치되어 자연 부식된 동판, 사용자 취급부주의로 인한 손지문 등을 들 수 있다. 사용하기 전에 면장갑을 착용한 후 깨끗한 헝겊이나 엠보싱이 있는 휴지로 여러 번 동판 표면을 닦아 낸다. 오래되어 자연 부식된 동판일 경우 금속 연마제를 사용하여 부식된 면을 벗겨 내어 사용하기도 하지만 보통 얼룩이나 기름, 손지문일 때는 식초에 소금을 혼합한 것을 부드러운 헝겊에 묻혀 부식된 표면을 깨끗이 닦아 낸 후에 사용한다.

♣ Free Board: 이야기 샘터 ♣

동판이 오래되어서 검게: 동판은 자연상태, 공기 중에 방치해 놓을 경우 흑색 산화부식이 진행된다. 종이나 비닐로 싸 놓은 것이라면 공기접촉이 덜했겠지만 검게 된 것은 수년 된 동판 같군요. 동판의 자연 부식은 피막을 형성 더 이상 부식이 진행되지 않는 표면 보호막 역할을 한다만 동판공예인들에게는 적이다. 왜냐하면 부식된 부분이 금필(metal pen)과 정체를 일으켜 선 작업이 힘들어지기 때문이다.

<使用을 하려면> 면적이 넓다면 묽은 산 용액으로 닦아 주면 허물이 벗겨지듯 잘 닦인다. 면적이 작다면 헝겊에 컴파운드(금속광택제)를 묻혀 표면의 부식된 검은 부분을 벗겨 내면 사용이 가능하다.

2. 금필 다듬기

기본선을 긋는 라인펜의 끝이 무디면 같은 힘을 주어도 그어진 선에 인각 깊이가 얇아지고 선도 굵어지는 반면 너무 예리할 경우 진행에 드덕드덕 진행이 정체가 되며 동판이 깎여 나가기도 한다. 금필은 주로 신주(황동)로 제작되었기 때문에 철보다 무르고 연삭성이 있어 많이 사용할 경우 닳아진다. 인각에 들어가기 전 라인펜의 뾰족한 끝부분을 자투리 동판에 이리저리 그어 가면서 원하는 굵기의 선이 부드럽게 그어질 수 있도록 다듬어 주어야 하며 사용 중이라도 너무 무뎌졌을 때 수시로 교정하여야 한다.

1) 사포 이용

라인펜(line pen): 편편한 바닥에 사포(#600) 깔고 이용해서 펜 끝을 굵은 볼펜 심모양을 기준하여 라인펜 끝을 20～30 각도로 눕혀 빙그르 돌려 가며 마모를 시켜 날을 세운다. 어느 정도 마모가 되어 날이 예리해지면 고운 사포(#1200)로 각을 높여 가며 끝이 둥근 원형 모양이 되도록 한다. 그 후 자투리 동판에 여러 방향으로 직선이나 곡선을 그려 가며 마찰을 시켜 부드럽게 길을 들인다.

라인펜

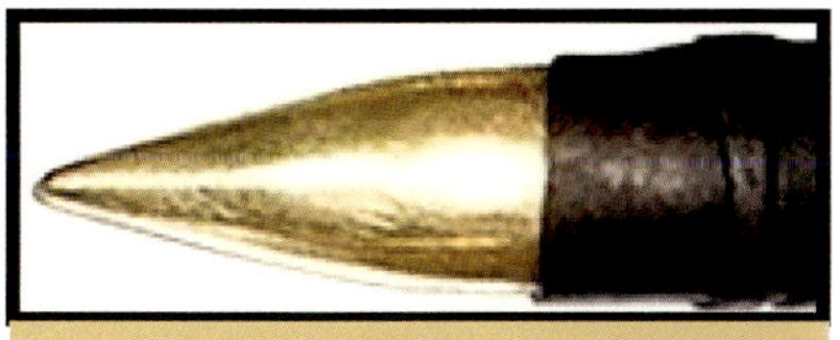

피크펜

피크펜(Pick pen): 방법은 라인펜과 같다. 다만 사용 용도가 타점(打點)을 찍는 점압법에 이용되므로 너무 예리할 경우 동판에 구멍이 날 수 있으므로 직접 동판에 두드려 보면서 타점의 모양과 크기를 확인해 가며 다듬는다.

♣ Free Board: 이야기 샘터 ♣

동판공예 프로: 현실에 안주하며 성과 없이 보내는 허튼 세월(歲月)을 부끄러워하며 후배의 전진을 자신의 일처럼 축하할 줄 알며, 타인의 질타에 뒤돌아서 와신상담할지언정 자신감으로 겸손히 미소를 잃지 않는 자가 진정한 프로라 할 수 있다.

진정한 동판공예 프로는 자신이 만든 작품에 대해 철저하게 책임질 수 있는 자며 자신의 완성작에 언제나 아쉬움을 갖는 전문작가이다.

진정한 프로는 동판공예에 관련한 어떤 작품만 봐도 적용기법과 효과를 가늠해 볼 수 있는 족집게 안목이 있다면 진정한 프로라고 할 수 있다. 진정한 프로는 타인의 작품을 참고로 둘 뿐 답습의 혹을 이겨 내야 한다.

진정한 프로는 만들기도 잘 만들지만 팔기도 잘 팔아야 프로로서 이 땅에 산다. 만들기는 잘 만들어도 도무지 팔 줄 모른다면 작가와 가정이 흉해진다. 끝으로 진정한 동판공예 프로라면 죽을 때까지 연장 금필(METAL PEN)을 쥐고 있어야 한다.

3. 밑그림 준비

1) 직화(直畵)

밑그림 제작과정을 생략하고 미술연필이나 수성 사인펜으로 동판 위에 직접 스케치하여 본을 그리는 것을 '직화'라고 한다.

2) 원화(原畵)

동판에 묘화하게 될 밑그림을 미리 먹지전사가 가능한 얇은 모조지나 트레싱지에 스케치하는 과정으로서 동판 화면의 크기에 맞도록 적정한 비율에 유의하여 제작하여야 한다. 원화는 새김 작업 시 동판에 전사된 윤곽 먹선이 흐려져도 원화를 보며 수정이 가능하고 동일한 작품을 여러 점 제작할 때 내용을 규격화할 수 있어 널리 이용되고 있다.

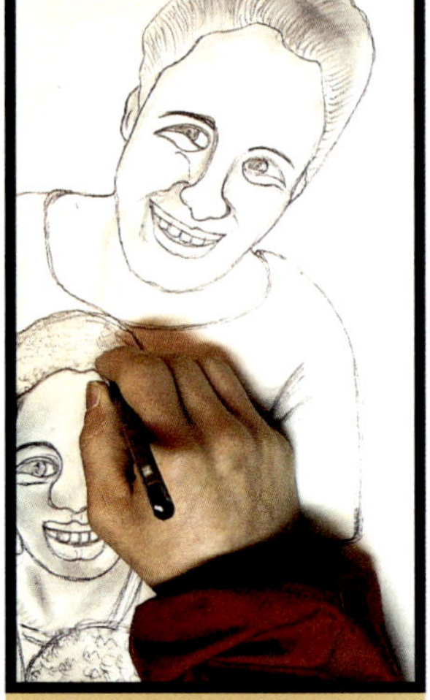

원화

3) 채본화(採本畵)

밑그림에 쓰일 모본(母本)으로 사용될 그림이나 사진을 준비한 후 그림 위에 반투명 미농지를 덧씌우고 드러난 윤곽을 따라 미술연필로 그려서 본뜬 밑그림을 채본화라 한다. 모본의 그림이 복잡한 배경 무늬 조밀한 선으로 구성되어 입체적 표현이 부적합하다고 판단될 때는 중요 포인트를 훼손하지 않는 범위 내에서 일정 부분을 생략하여 가공할 수도 있다. 채본화를 제작할 때는 모본에 대한 원작자의 허락이나 저작권에 유의하여야 한다.

직화

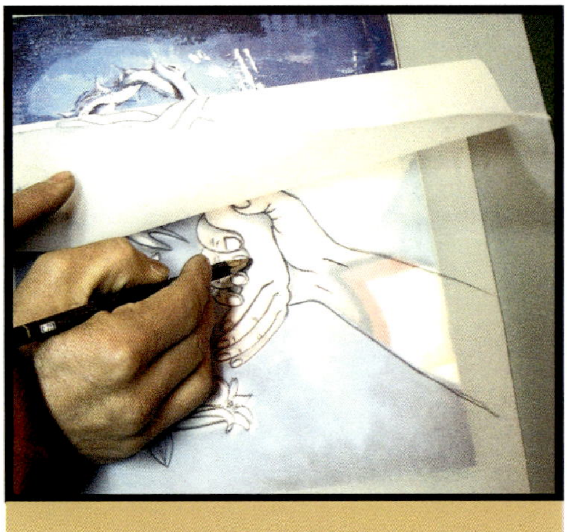

미농지를 모본 위에 올려놓은 후 본뜨기 例 2

모본그림 - 例 1

모본에서 별도의 채본화 완성 - 例 3

채본화로 제작된 작품 - 例 4

♧ Sub notice ♧ 미술의 원리 - 비례

비례는 영어나 프랑스어나 나 같이 proportion이며, 비율, 분할, 균형 등을 뜻하는 것으로, 전체 속에서 부분이 어떤 비율로 되어 있는가 하는 전체와 부분과의 관계를 뜻한다. 사물의 여러 부분 사이, 현상의 여러 요소 사이에 존재하는 양적인 비례관계, 이것을 정확하게 재현하는 것은 미술가의 기본적인 능력의 하나이다. 미술가에게서 가장 익숙한 비례로는 인체의 비례와 황금 분할에 의한 비례가 있다.

인체비례는 사람에 따라 다르다. 몸통에 비해서 다리가 비교적 짧은 사람이 있는가 하면 반대인 경우도 있다. 또 몸통이나, 다리뿐만 아니라 어깨의 넓이, 손, 발 등의 크기도 여러 가지 비례로 나타난다.

그리스, 이탈리아 르네상스 시대에는 8등신을 가장 이상적인 인체의 비례로 생각하였다. 특히 르네상스기에 레오나르도 다빈치, 미켈란젤로 등에 의해서 인체비례에 대한 과학적인 연구가 시도되었다.

8등신이란 머리 1에 대해 몸통이 8인 비율을 말한다. 그러나 실제적인 인간은 7～7.5등신 정도이다.

Part 06

도구 운집법 및 선 그리기

1. 기본도구 라인펜 운집법(運執法)

1) 삼지법(三指法)

연필로 글씨를 쓰듯 45도 각도로 금필을 세워 잡되 중지와 검지 사이에 펜을 끼워 넣지 않고 엄지, 검지, 중지로 금필을 둘러 쥐는 형태를 말한다.

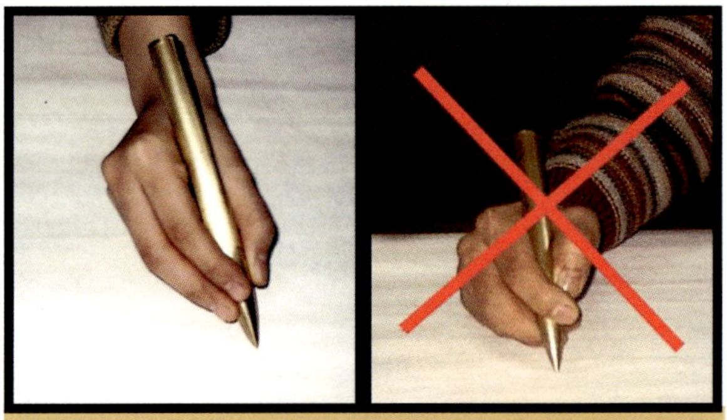

삼지법

2) 사지법(四指法)

연필로 글씨를 쓰듯 45도 각도로 금필을 세워 잡되 중지와 검지 사이에 펜을 끼워 넣지 않고 엄지, 검지, 중지, 사지로 금필을 둘러 쥐는 형태를 말한다.

※ 점압법에 많이 사용하는 운집법이다.

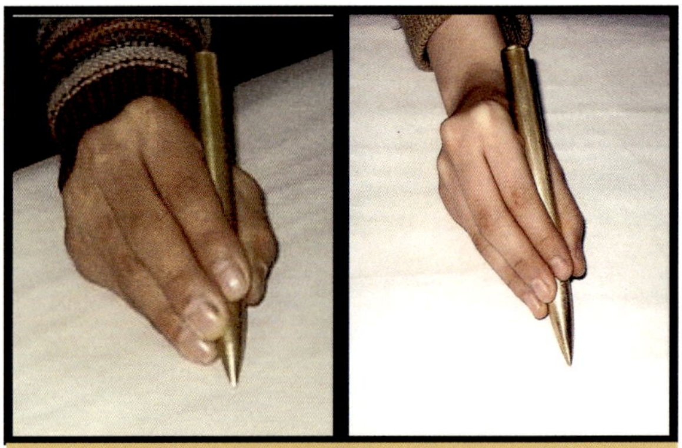

사지법

3) 전장법(前掌法)

금필 끝이 전방(前方)을 향하도록 손바닥 안에 금필을 감아쥔 형태인데 엄지손가락은 전면을 향해 위에서 눌러 쥔다.

※ 평판잡기에 많이 이용된다.

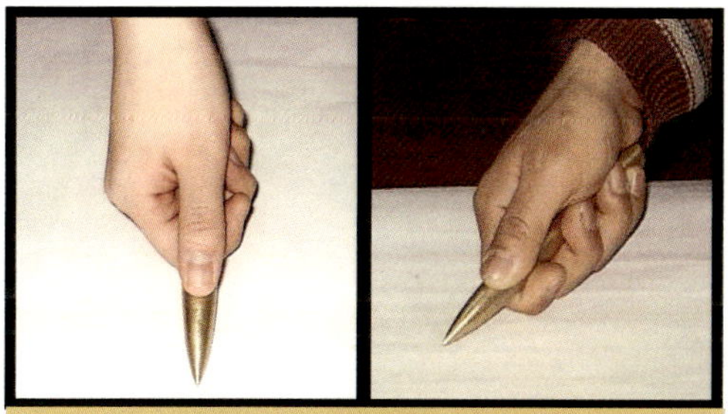

전장법

4) 후장법(後掌法)

금필 끝이 후방(後方)을 향하도록 손바닥 안에 금필을 감아쥔 형태인데 엄지손가락도 함께 둘러 쥔다.

굵고 강한 선을 인각할 시 사용하며 주로 동판재가 두꺼울 경우 자주 이용되는 운집법이다.

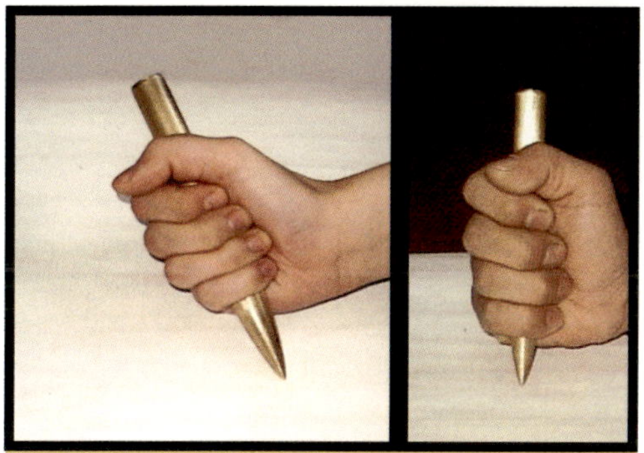

후장법

5) 보조 운지법(運指法) – 일지타(一指舵)

오른손에 금필이 운집됐다면 왼편 손 검지나 엄지 등 한 손가락을 이용하여 금필의 아랫부분에 접촉하여, 전진 방향타(rudder) 구실을 할 수 있도록 일체시킨 모양을 말한다.

※ 선을 그릴 때 대부분 이 방법이 이용된다.

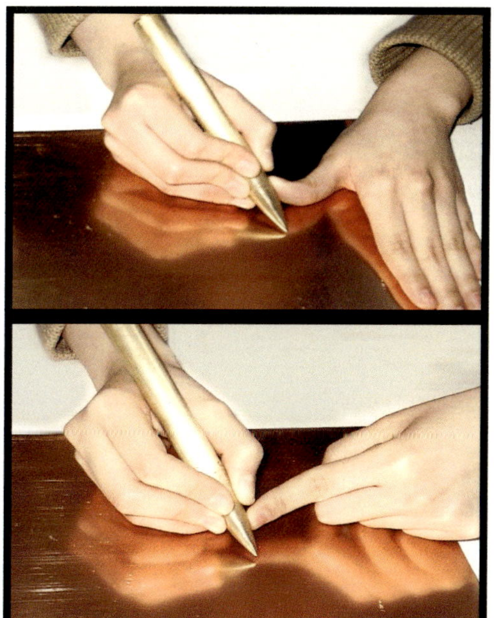

일지타

6) 보조 운지법(運指法) – 이지타(二指舵)

일지타와 운집 방법은 같으나 손가락 두 개를 동시에 일체시켜 전진 방향타(rudder)구실을 하도록 하는 방법이다.

※ 굵고 강한 선을 인각하거나 동판재가 두꺼워 힘 적용이 많이 필요할 때 이용되는 운집법이다.

♣ Free Board: 이야기 샘터 ♣

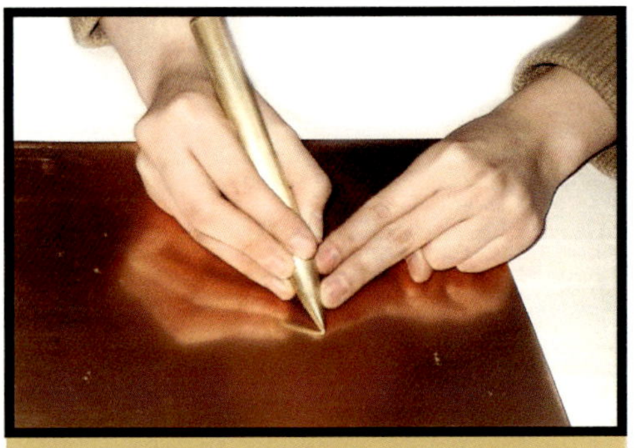

이지타

동판공예가 어렵다고 느껴지는 분에게 보내는 메시지: 어렵게 느껴지는 동판공예, 여러 번 시행착오를 거치며 익숙하지 않은 금필(metal pen)과의 거센 씨름을 하다 보면 정도의 차이는 있겠으나 궂은비 뒤에 만난 시린 햇살을 누구나 볼 수 있다.

처음 어설프게 부조를 넣고 부식하여 어릴 적 아빠 구두코를 닦듯 명암 작업을 할 때 흑색에 숨겨놓은 보물을 찾은 듯 설렘과 미소가 있다. 필자도 처음에는 죽이 되든 밥이 되든 그리고 구기고 했단다. 어느 날 지겨워 획 던져버렸던 구겨진 동판이 생각나 다시 펼쳐 본 동판 속엔 복사꽃 아기의 볼이 발그레한 구릿빛으로 키들거리며 웃고 있었지요.

대시하지 않고 그저 바라본 동판작품은 속내를 알 수 없어 어렵게만 느껴지기도 한다. 맘먹었으면 부딪치고 고민하고 노력해 보라. 노력의 결과는 어디에서든 나타난다.

어느 한국화가가 공모전출품을 위해 한 작품에 많은 시간을 할애했단다. 출품일이 다가와도 뜻대로 되지 않아 전전긍긍할 때쯤 마음도 정리할 겸 청소나 하자며 몇 달간 바닥에 먹물을 툭툭 털거나 제멋대로 북북 그어낸 '바닥깔판'을 바라보곤 서글픈 상념에 잠겼단다. 시간이 지나자 쭈그러진 화선지 속에서 흐리고, 진하고, 크고, 작으며 제멋대로 흐트러진 묵점과 선들이 저마다 춤을 추고 있었다.

화가는 무릎을 쳤고 출품하려던 공들인 작품은 버리고 바닥깔판을 표구하여 출품했다. 그해 공모전 입상자 명단에서 그의 이름 석 자를 확인할 수 있었단다.

이름: ○○○ – 제목: '흔적' 늦지 않았다. 도전해 보라.

♧ Sub notice ♧

선이란 길이와 목을 갖는 것으로서 그 폭은 길이에 비해 상당히 좁기 때문에 우리는 단지 1차원적으로 인식한다. 그렇지만 실재로는 두께를 가질 수도 있으므로 넓게는 3차원까지를 포함한다.

선은 점의 연속으로 이루어지는데 우리의 눈길은 이 점들을 자동적으로 연결시키는 경향이 있다. 버스를 기다리고 있는 일렬로 늘어선 사람들과 같이 점의 연속은 선으로 보이기 때문이다.

조형예술의 한 요소로서의 선은 지각할 수 있는 형태로서 취급된다. 선은 점의 운동에 의해서 생기기 때문에 연필이나 펜을 움직임으로써 화면에 볼 수 있는 선이 그려진다. 그 운동의 방식이나 속도, 강약, 방향 등에 따라 갖가지 다른 느낌과 성격의 선이 그려진다. 선의 종류에는 직선과 곡선이 있다.

직선은 두 점을 연결하는 최단거리이며, 명확성, 이지성, 견실성, 엄정성, 의지성, 경직성, 정직성 등의 느낌으로서 감정이 없어 보이며 포용성이 적다. 두께에 따라서도 느낌이 달라지는데, 굵은 직선은 힘찬 느낌을 주며 폭의 굵어짐에 따라 둔중한 느낌이 되어 마침내 평면으로 이행한다. 직선에는 수평선, 수직선, 사선과 같은 종류의 선이 있으며 수평선은 안정되고 균형이 유지된 정적인 느낌이다.

수직선은 위엄, 엄정, 장엄의 느낌을 주며, 사선은 불안정하면서도 활동적인 느낌을 준다.

2. 선 그리기

선을 그릴 때는 도구 라인 펜(line pen)이 이용된다. 도구에 일정한 힘을 가하여 끝이 뾰족한 부분이 동판을 누르면서 새겨나간다. 펜 끝이 지나간 동판에는 오목하게 V 골 선이 파이게 되는데 힘의 강도에 따라 깊이에 차이가 있으며 펜 끝의 예리함과 무딤에 따라 굵기가 결정된다.

직선 굿기 시작점과 끝점

1) 연습 – 직선

동판에서 사각형처럼 만나는 꼭짓점이 있는 엄정한 직선이라면 손으로 그리기보다는 직선자를 대고 그리면 좋다. 그러나 직선과 곡선이 혼합된 그림을 그리기 위해 하나하나 자를 사용하여 인각을 한다는 것은 번거롭기도 하지만 다소 경직된 그림이 될 수 있다. 따라서 직선과 곡선이 혼용되는 선은 대부분 수작업으로 긋게 되는데 동판은 도화지와 달리 금필의 누름선이 그어지는데 일단 힘이 가해져 골이 패이면 수정하고 싶어도 수정이 잘 안 되며 수정을 했다 하더라도 흠이 남는 특성이 있다.

자를 대고 직선을 긋는 것처럼 도구에 눌림 압력이 일정한 힘으로 가해질 때 시작점과 마침점이 뭉툭하게 홈이 패여 자연스런 선이 되지 못하며, 나중에 끝점과 다시 이어 긋기를 할 때 교차점에서 이음 흠이 남게 되므로 사각형처럼 모서리와 모서리의 각이 만나는 직선이 아니라면 항상 시작과 끝선은 힘의 강도를 약하게 시작하고 약하게 마쳐야 한다.

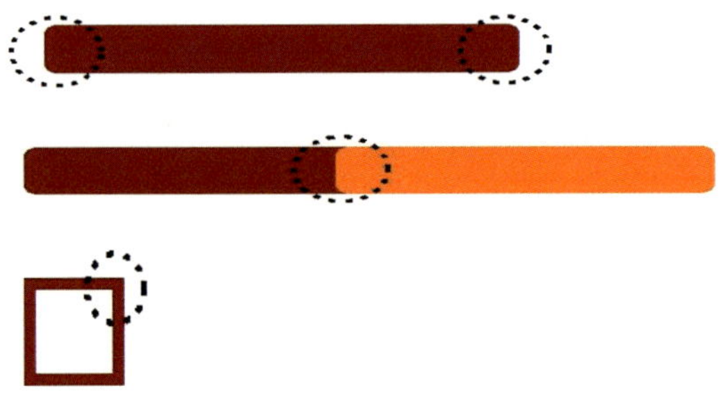

직선 이어 긋기 시작점

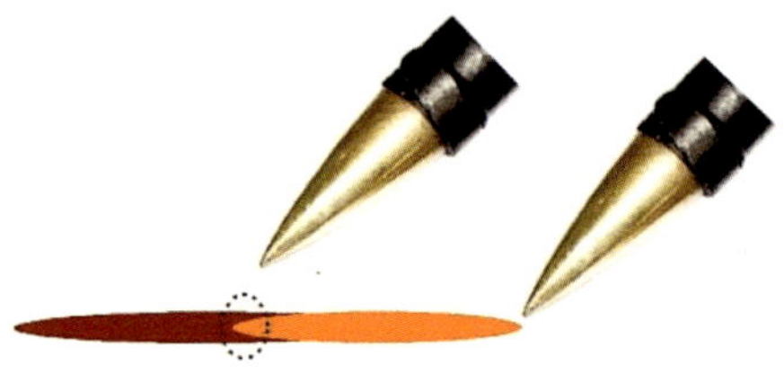

직선 이어 긋기 시작점과 끝점

동판공예의 윤곽선은 도구에 가해진 힘에 따라 선의 굵기나 깊이가 결정된다.

2) 연습 – 곡선

직선과 곡선의 차이는 휨이 있다는 것 외에 별다른 차이가 없으며 직선 긋는 법이 똑같이 응용된다.

직선 계속 이어 긋기

3) 연습그림

1 곰돌이

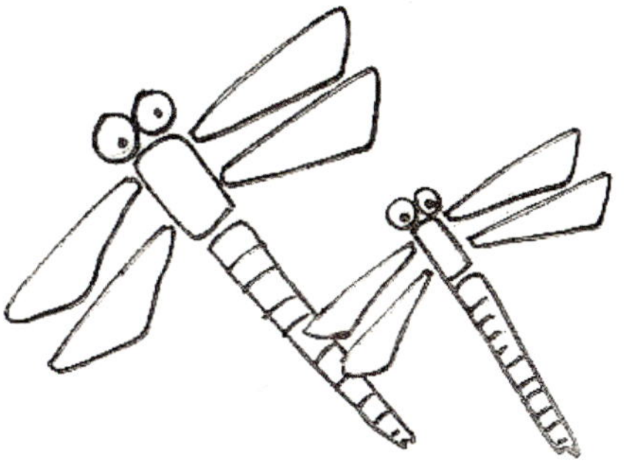

2 고추잠자리

3 꽃게

4 기다림

5 초가집

6 사신도 - 용

♧ Sub notice ♧ 곡선은 점의 진행방향이 항상 변화하여 그려진 것을 말하며, 직선의 휘어진 형을 말한다. 고선은 우아하고 여성적이며 유연성을 갖는다. 곡선에 의한 형이나 그림은 부드럽고 여성적인 느낌이어서 감정적이다. 자연물에는 곡선형이 많을 뿐 아니라 궤적의 속도변화에 따라 운동감을 느끼게 한다. 곡선은 기하학적인 곡선과 자유곡선이 있다.

♣ Free Board: 이야기 샘터 ♣

선에 힘이 들어가려면: 동판공예의 기본은 선 긋기죠. 그냥 긁적거리는 것이 아니라, 선에는 강약 박자가 있고 홀쭉이 뚱뚱이, 비실이, 알통이 있다. 선 긋기에 따라

고수냐! 하수냐! 됐다, 안 됐다 한다. 선은 긋는다는 표현보다도 선도 그림이라는 표현이 맞을 듯싶다. 아무리 좋은 밑그림을 따라 선을 그었다 해도 깊이나 강약이 없으면 부조를 내도 흐릿한 것이 맥아리가 없다. 스치는 듯 깊고, 깊으나 바람처럼 자연스레, 스치고, 여러 번 이음이었으나, 일필로 그은 듯한, 그런 선 긋기 연습이 필요하다.

필자는 선 긋기는 물론 평상 작업을 할 때 절대 앉아서 하는 법이 없다. 다리가 아파도 선 자세로 한다. 서서 하면 우선 상체의 힘이 손에 모아지기 때문에 선이 깊고 힘이 넘친다. 서서 하면 좌우상하 앞으로 뒤로 왔다 갔다 하기가 편해 동판을 자유자재로 제어하며 동판과 싸워 이길 수 있기 때문이죠. 소품은 앉아서도 가능하지만 조금 큰 작품들은 서서 작업하시길 권장한다. 선과의 싸움에서 승리하시길-

Part 07

부조기법

1. 점압법(點壓法)

피킹 운집법

점압법은 끝이 무딘 피크펜을 연필로 글씨를 쓰듯 금필을 둘러 쥔 형태로 운집하여 톡톡 두드리며 반복적인 점을 찍는 것으로서 점이 찍히지 않은 부분이 자연스럽게 부풀어 올라 입체감을 얻는 부조기법이다.

이 기법은 손목이 바닥에 안정되게 접지된 상태로 실시하여야 하며 접지되지 않을 경우 실수로 인해 타점(他店)이 흐트러져 이외 부분에 점이 찍힐 수 있으므로 유의하여야 한다.

1) 포인트 라인 피킹(point line picking)

포인트라인 외곽점 찍기

점압 시 타점을 찍지 않아야 할 부분에 실수를 예방하기 위하여 찍히지 않아야 할 부분의 외곽선을 타점과 같은 눌림 힘으로 재봉하듯 조밀한 점선으로 방호벽처럼 둘러치는 것을 말한다.

2) 페이드 인 피킹(pade In picking)

타점이 찍히지 않아야 할 중요 부분을 중심으로 외곽에서 듬성듬성 조밀하지 않는 타점으로 시작하여 중심 요소 부분에 가까워질수록 조밀하게 피킹(picking)하는 것을 말한다.

포인트 라인 후 나머지 부분 채우기

외곽에서 듬성듬성 시작=>점점 조밀하게

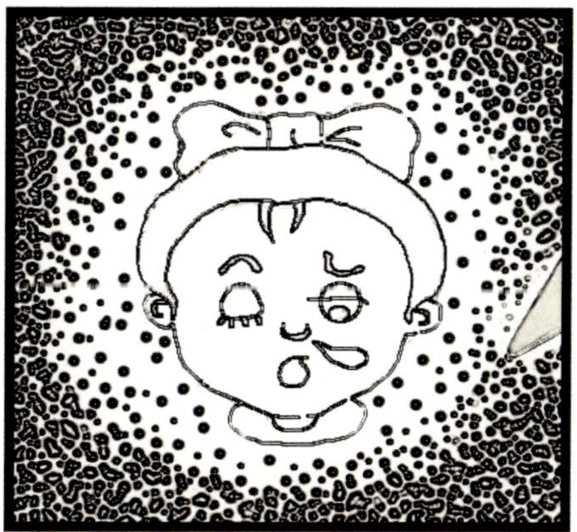

조밀하게 시작=>점점 공간이 크게

3) 페이드 아웃 피킹(pade out picking)

타점이 찍히지 않아야 할 중요 부분을 중심으로 외곽에서 조밀한 타점으로 시작하여 중요 부분에 가까워질수록 듬성듬성 피킹(picking)하는 것을 말한다.

4) 크랙(crack) 현상이란?

타점을 찍을 때 타력(打力)이 일정하지 않아 홈 깊이에 불균형을 이룰 때 변형된 강도 차이에 의해서 타점되지 않은 곳이 부풀러 올라 균열되는 현상이 발생하는데 이를 크랙이라 한다. 크랙을 방지하기 위해서는 면적의 틈이나 타력의 강도가 일정하게 유지되어야 한다. 그러나 크랙 현상이 꼭 주의하고 방지해야 할 현상으로 볼 수 없다. 크랙도 일종의 아름다움의 요소로서 질감 표현 수단으로 이용될 수 있기 때문이다.

♣ Free Board: 이야기 샘터 ♣ 피킹에 얽힌 이야기

A 씨: 피킹 시끄러울까 봐 맘 놓고 두드릴 수가 없었다.

그런데 이번엔 좀 사람들과의 거리가 있는지라, 괜찮겠지 싶어 두드렸다. 엥? 그런데 조용하게 저만 있는 공간이다 보니 소리가 엄청

질감으로 표현된 크랙

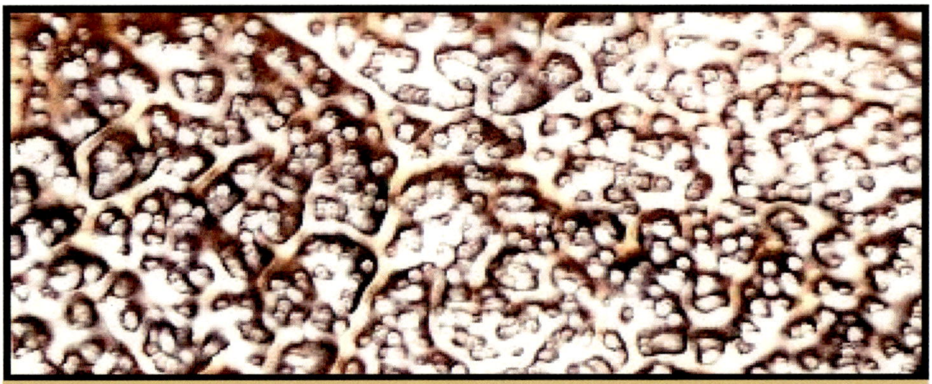

크랙

켰다. 그래도 나만 있는데 뭘, 괜찮겠지 싶어 두들겼다. 그러다 잠시 바람 쐬러 문을 열고 나왔다. 옆 교실에서 선생님들이 서예 연습을 하고 계셨다. 조용한 음악을 잔잔히 깔고, 열심히, 정진을 하고 계셨지요. 순간, 얼마나 얼굴이 달아오르던지. 그래서 다시 들어가서 이번엔 눌렀다. 조용히, 꾹~꾹! 퇴근해서 집에 돌아오니 팔과 손이 많이 아팠다.

한 곳은 품위 있는 음악 감상에 한 곳은 무작스런? 피킹이라~ 하하하! 이웃집 생각해 꾹꾹 누르셨던 것이다. 내리치는 것보다 소리는 안 나 좋지만 소리 안 나게 생기는 건 '골병'이었을 것이다. 팔아 손목아~ 오래전 아는 사람 하나도 아주 큰 작품을 명일까지 만들어야 하는데 아랫집에 쿵쿵 울리고, 아이들이 깰까 봐 한밤중에 바닥에는 담요를 두툼히 깔고 하드보드 널판을 댄 후 피킹을 하다 그래도 소리가 나서 담요를 머리에 뒤집어쓰고 작품을 만들었는데 온몸에 땀띠로 한동안 고생을 했다고 한다. 얼마나 더웠으면…. 담요 속에서 뭐가 보이기나 했을까.

톡톡톡~사실 피킹(점압법)을 하다 보면 소음이 생긴다. 밤에는 쿵쿵쿵으로 멀리 울려 퍼진다. 어이구 저 집, 무슨 잔칫날인가? 김장을 담는감? 무슨 절구를 저리 오래 찧는담. 아주 깊은 밤에는 망치소리(?)로 바뀐다. 저 집은 무슨 공사를 하남? ~ 지발 잠 좀 자자~

학생들 한 40여 명이 나무책상 위에서 피킹을 하면 건물 한 층 복도 전체에 우레와 같은 폭포소리가 난다~우루루루루를~말소리가 안 들릴 정도다. 피킹 때 단조로움을 피하기 위해 박자를 맞추기도 한단다. 4/4박자 ~ 개/구/리/소년/짠~/짜잔~/ 언젠가 한 반 전체가 피킹을 하였는데, 한 학생이 노래를 불렀다. [해저문 ~ 소양강에 ~] 모두 다 박자에 맞춰 단체로 소리가 일정해지는데, 짓궂게도 후렴 부분에서 갑자기 박자가 빨라지니 피킹 템포도 함께 빨라져서 그 소리가 드더더덕 말굽소리로 변하는데 ~ 그날 동판 펑크 많이 났었다.

부조효과를 얻기 위한 가장 쉽고 널리 알려진 고전적인 방법으로 자주 쓰인다. 그러나 근래에도 피킹은 배우지만 모든 작품에 공식처럼 천편일률적으로 적용하지 않는 추세이다. 피킹을 하지 않아도 부조를 효과를 다양하게 얻을 수 있는 기법들이 많이 고안되었기 때문이다.

다음번에 작품을 만들 때는 피킹을 적용하지 않고 도드라진 부조를 낼 수 없을까를 깊이 고민해 보시기 바란다-좀 더 낳은 성과를 기대한다.

♧ Sub notice ♧ 형과 형의 구성요소

형이란, 넓은 의미로 형태, 형상, 형상, 형의 뜻을 가지고 있다. 형을 인식하는 방법으로는 시각작용에 의한 것과 촉각 작용에 의한 것이 있는데, 시각작용에 의한 것으로 는 형태시, 명암시, 색각시가 있다. 여기에서 형태는 윤곽을 말하는 것이다.

형태시는 대상을 인식하는 데 가장 기본적인 것으로서 단순한 윤곽선에 의해서 대상의 특징을 알 수 있는 것이다. 예를 들면 크로키, 만화 등은 거의 윤곽선만으로 이루어진 것에 속한다.

화면 속의 형은 분명한 윤곽선을 가질 수도 있고 분명치 않은 윤곽선을 가질 수도 있다. 우리가 형을 인식하는데 윤곽선이 명암시 또는 색각시에 의한 것이다. 명암시는 순수한 빛에 의해서 나타난 명암에 의한 것으로서, 예를 든다면 하얀 종이 위에 하얀색 공을 넣고 비스듬한 광선을 주었을 때 공을 인식할 수 있는 것을 말한다. 색각시는 컬러 도판을 확대경으로 보면 삼원색을 병치함으로써 사물을 나타내고 있다.

형의 구성요소 점

점이란 모든 도형의 궁극적 구성요소인 가장 단순한 도형으로서 위치만 있고 크기가 없는 것이다. 그러나 조형요소로서의 점에서는 형도 크기도 시각적으로 인정할 수 있다.

점에서 형과 크기를 인정한다면 그 크기의 한도는 어느 정도까지인가? 그것은 단독으로 결정될 수 없으며 일반적으로 점과 관계되는 주위의 상황과 밀접한 관계를 맺고 있다.

점은 보통 상당히 작은 것이지만 하나의 형임에는 틀림없다. 그러나 그 크기는 상대적인 것으로서 커다란 그림 속에서는 '점'밖에 되지 않는 것이 작은 그림 속에서는 아주 커다란 '형'으로 될 수 있다. 점의 기능은 세 가지로 구분할 수 있는데, 첫째는 형 그 자체이고, 둘째는 우리의 눈으로 하여금 '점'들을 연결시켜 하나의 선을 만들어 내는 연속적인 패턴으로서, 셋째는 커다란 형을 이루기 위해서 서로 모여 있는 방법으로서이다.

2. 양감(量感) 내기

양감법은 평면의 동판에 양괴의 질량감을 나타내도록 볼록 부풀어 오르게 형(形)을 만드는 것을 말한다. 동판은 색채가 단순하여 회화만큼 사물을 설명하고 있지 않다. 따라서 실존의 형태인 예술작품으로 가능하기 위해서는 대상의 본질을 입체적으로 표현해야 되며 동판재료의 특성을 알고 물리적으로 생명력을 불어넣어 작자의 심성이 융합된 결과체가 되어야 한다.

1) 백라인(Back Line)

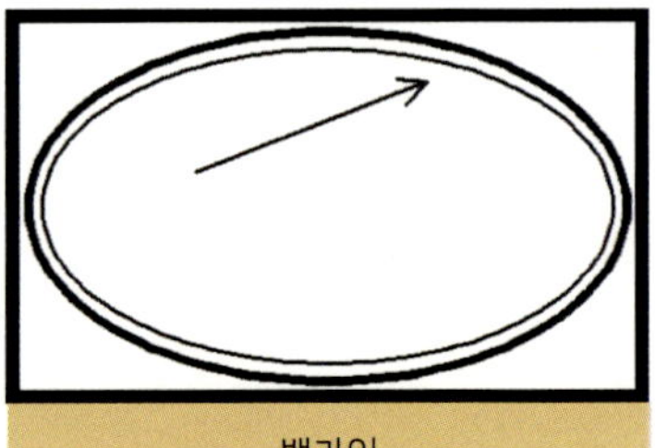

백라인

백라인은 후면에서 이루어지며 뒷면에서 보이는 전면선의 안쪽을 따라가며 평행 덧선 따라 그어 주는 것으로서 글씨 도안의 경우 마치 아크릴을 오려 붙인 것처럼 부조효과를 얻을 수 있다. 흔히 '후선법(後線法)' 또는 '아크릴기법'이라고 부른다.

대부분 라인새김 이후 기초적인 부조로서 사용되며 서체에서는 대단히 중요한 기법으로 응용되고 있다.

백라인 - 후면에서 안선 따라가기

2) 스크러빙(Scrubing)

라인 작업으로 사물의 윤곽선이 그어진 동판의 전면에서 작업이 이루어진다. 내어밀거나 들어갈 요소 바닥에 쿠션패드를 깔고 도드라지게 내어 밀 면적에 알맞은 도구를 선택하여 후장법으로 운집한 후 요소 부분에 힘을 가해 문지르면 동판 표면이 압력과 마찰열로 인하여 표피가 늘어나 팽창(Swelling)하면서 전면이 볼록하게 도드라져 오른다.

(예(例): 대상이 인체인 경우에 볼, 이마, 머리, 볼록한 배 등)

백라인 효과로 완성된 작품

3) 스트리킹(Striking)

동판의 후면에서 도드라지게 내어 밀 면적에 알맞은 도구를 선택하여 도구의 머리를 망치로 때려서 순간 압력에 의해 타격된 부분이 볼록하게 튀어 오르도록 양감을 얻는 방법이다. 동판에 닿은 면적이 적은 도구의 경우 펑크가 날 우려가 있으므로 타격 강도에 유의하여야 한다.

(예(例): 포도알, 배꼽, 코, 달마대사 동공 등)

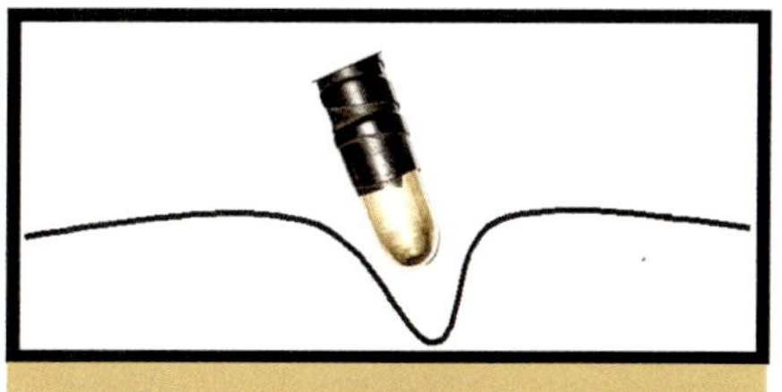

스크러빙

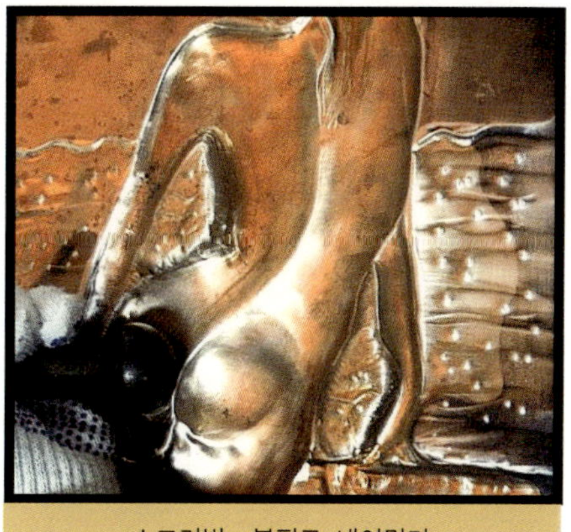

스크러빙 - 볼필로 내어밀기

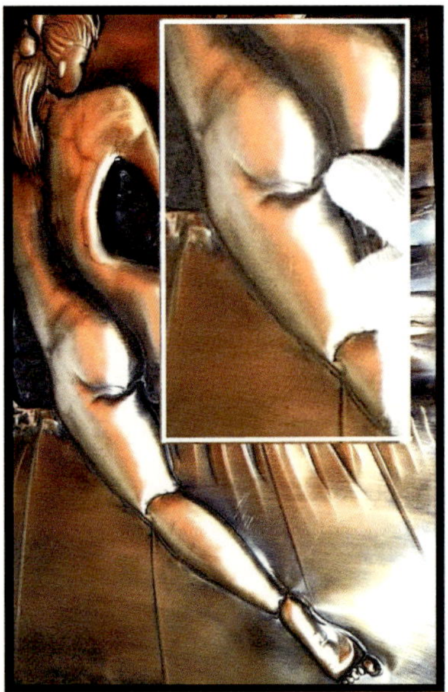

스크러빙 – 내어밀기 완성작

전면 스트리킹 – 타격

4) 방자기법

동판의 퍼짐성을 이용하여 망치로 판을 두드려 늘려 가며 대접이나 대야를 만드는 것처럼 성형하는 방법으로서 주로 고부조(高浮彫)에 이용되는 기법이다. 동판이 얇을 경우 성형된 부분이 지나치게 경화되어 파열될 우려가 있으므로 주의가 요망된다.

후면 – 스트리킹

5) 음감법(陰感法)

동판의 전면에서 양감법의 역순을 적용하면 음감이 이루어진다.

방자/두드려 내어밀기

♣ ♧ Sub notice ♧ ♣ 양감과 질감

양 감

양감이란 영어로 볼륨이라고 하며, 용적 · 체적을 의미한다. 그리고 물체가 3차원에 의하여 공간 중에 차지하고 있는 양을 말하며 크기, 두께, 느낌이 합치되어 양감이 생긴다. 양감이란 단순한 기법이 아니다.

물체를 총체적으로 파악하는 일, 즉 물체에는 보이지 않은 측면이나 뒷면도 있다는 것을 알아야만 비로소 참된 양감을 표현할 수가 있다. 그리고 물체가 공간에 실재할 때 시각적으로 광선에 의한 명암이 없다면 양을 느낄 수 없다. 조각에서 실제의 부피에 의해서 양감을 느낀다면, 회화에서는 감각적으로 그리고 암시적으로 양감을 느끼게 된다. 회화에서 느끼는 양감은 2차원적인 평면을 3차원적인 입체로 느끼게 하는, 즉 실체가 아닌 일루전인 것이다.

회화에서 양감이 나타날 경우에는, 손으로 만질 수 있는 듯한 용적감이나 묵직한 물체의 중량감이 전해지게 된다. 그리고 대상물의 형태를 구분하는 윤곽선에 의해서도 양감을 느낄 수 있다.

질 감

질감에는 두 종류가 있다. 하나는 재질감, 즉 텍스처이고 다른 하나는 마티에르이다. 텍스처는 작품의 표현에서 느껴지는 바탕의 결을 말하는 것으로 표현이 딱딱하다, 울퉁불퉁하다 등과 같이 표현이나 재료의 뜻에서 물질적인 사물, 감각적 재질의 의미를 가지며 물질이 지니고 있는 재질을 말하며, 미술에서는 특히 용재의 질감을 말한다.

미술에서는 시각적인 질감과 촉각적인 실감을 구분하는데 바라보는 것만으로 촉감을 상상할 수 있으며, 만져 보는 것만으로 생김새를 짐작할 수 있는 원리와 비슷한 것이다.

♣ Free Board: 이야기 샘터 ♣

동판공예를 배운 지도 벌써 1년이 다 되어 간다. 선생님이 나의 손이 동판공예하기에 '좋은 손이야' 하시며 손마디가 굵고 솥뚜껑만 한 팔에서 힘이 나오면 대단한 파워를 구사할 수 있는 적격 품질이라 말씀하셨다. 킥킥 웃음도 나오지만 사실 나는 내 또래에서 팔씨름으로 져 본 적이 없으니 그렇게 생각하시는 것도 무리는 아닌 듯싶다. 팔 힘이야 내가 생님보다 훨씬? 세지만 기본이 안 되면 힘으로만 안 되는 것이 동판공예다. 혼자서 과제물 숙제로 받은 서체 '흙'을 하면서 이게 내가 한 건가? 으쓱대며 가져갔을 때 선생님은 빙그레 웃기만 하셨다.

동판공예는 왕도가 없다. 연수가 필요 없다고 한다. 10년 됐다 해도 연습량이 많은 1년 된 사람만 못한 것이 이 세계라고 한다. 난 오늘 금필을 꽉 쥐어 본다. 손 뗀 지가 6개월이 넘었으니 다시 각개전투를 해야지 처음 그 모습으로 잘된 작품 하나 가지고 선생님을 찾아뵈어야겠다. 우리 선생님이 저번처럼 웃지나 않았으면 좋겠다. 우선 그동안 안 써서 똥색으로 부식된 도구를 황금빛으로 만들어야겠다.

- 제자 송월 -

Part 08

평판 작업

1. 평판잡기

동판은 도구 등 외부 충격(衝擊)을 받아 가공(加工)이 될 때 판이 인장되거나 수축되어 수평상태의 평편한 균형을 유지하지 못하고 우그러진다. 평판 작업이란? 가공된 부분이 균형을 유지하며 고착될 수 있도록 중요 가공부분을 제외한 외곽 판면을 경화(硬化)시켜 평편(平便)한 수평(水平)에 가깝도록 균형(均衡)을 잡는 것을 말한다.

가공에 의해 판이 우그러진 모습

1) 전면잡기

전면(全面)에서 가공된 부분을 제외(除外)하고 피크펜이나 바운더리펜으로 평편한 배경과 요소 부분이 만나는 외곽 경계선(境界線)을 따라 방호벽(防護壁)을 둘러치듯이 힘을 주며 눌림 덧선을 여러 번 반복하여 그려 주면 부풀어 들뜬 부분이 눌려 들어가며 배경과 요소 부분이 평편하게 펴진다.

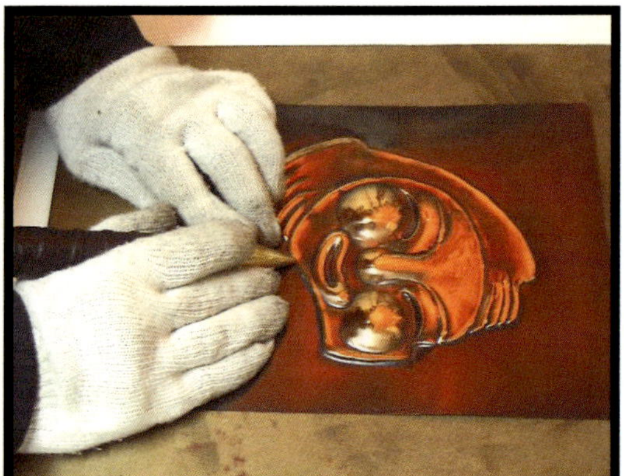

전면잡기: 외곽 경계선을 따라 덧선을 긋는다

☞ 평편하게 펴진다는 것은 외곽선 부분

의 강도가 원래의 성질보다 더욱 단단하게 경화(硬化)되어 마치 철근(鐵筋)이나 골재(骨材)를 넣은 것처럼 힘을 받기 때문에 평판이 잡아지면 벽에 비스듬히 세워 놓아도 판형이 굽거나 휘지 않고 곧게 유지(維持)된다.

전면잡기: 左: 평판잡기 전(前) 판형이 우그러진 모습, 右: 완성 후 모습

2) 전·후면잡기

부조(浮彫), 즉 양감이 커지는 고(高)부조에 이를수록 평판잡기가 쉽지 않다. 내어밀기로 도드라진 부분만큼 경도가 증가(增加)하고 교차된 판면에서는 원래의 형태로 되돌아가려는 반발력이 상승하기 때문에 우그러짐 현상이 더욱 심해진다. 이러한 평판을 수평에 가깝도록 100% 균형을 유지시킨다는 것은 수공의 형태로는 거의 불가능하다.

부조형태에 따라 전·후면에서 목필이나 금필 기타 다양한 도구와 방법을 동원하여 부조된 부분이 중심이 되어 단단한 성질을 띠게 하여 원형의 형태로 돌아가지 못하도록 반복적인 성형으로 부조된 부분을 영구 고착시키는 것을 전·후면 평판잡기라 한다.

지나치게 경화(硬化)될 경우 동판이 한계점에 이르러 균열이 생겨 종이가 찢어지듯 파열이 되므로 경우에 따라서는 경성화된 동판에 풀림으로 연성이 되도록 요소부분을 도치램프로 가열하여 소둔(燒鈍)시켜 다시 부조를 내기도 한다. 초급자와 고급자의 차이는 부조, 명암내기 못지않게 '평판잡기'를 어떻게 잘 처리하여 판면이 전체적인 조화를 이루냐에 따라 결정된다고 해도 과언이 아닐 정도로 동판공예 제작과정에서 중요한 작업이다.

3) 완충영역 만들기

그림 1과 같이 저판에서 10㎝ 이상 도드라진 고부조일 경우 평판 우그러짐 현상과 함께 휨 현상이 더해져 평판잡기에 어려움을 겪게 된다. 이를 해소할 수 있는 조치방법은 볼륨이 나온 만큼 인접한 판면에 충격을 서로 주고받을 수 있는 완충영역을 만들어 다시 들어가게 하거나 들어간 만큼 내밀어 준다면 해결이 가능하다.

그림 1-돌고래

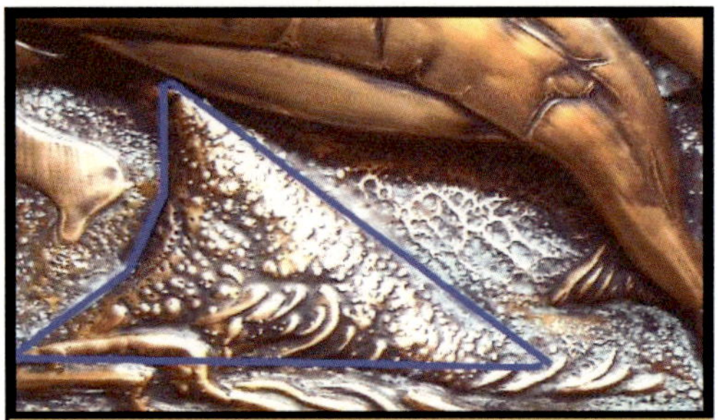

그림 2-완충영역 설정

그림 3-완충영역 설정으로 후면부조

그림 4-완충영역을 적용하여 완성된 작품

그림 1의 경우 돌고래가 고부조가 되다 보니 아래 표시부분이 심하게 우그러진 부분으로서 이를 해결하기 위하여 뒷면에서 굵은 피킹으로 표시영역만큼 부조를 낸 것이다. 그림의 원본에는 존재하지 않았지만 완충영역을 인위적으로 만들 때도 묘사 부분과 조화를 위해 돌고래가 마치 물보라를 일으키며 솟아오르는 듯한 부조를 넣어 치리된 것이다. 가장 잘된 완충영역은 묘사될 화면의 중심 소재와 잘 결합되고 조화를 이룬 것으로서 감상자들은 잘 느끼지 못하는 자연스러움이 있어야 한다.

Part 09

표면착색 – 부식(腐蝕)

표면착색은 동판을 물리적으로 가공한 후 명암내기를 하기 전에 먼저 시행하는 것으로서 동판 표면에 색상이 침착되도록 부식하는 데 이용된다.

별도의 보호피막 없이 구리금속이 공기 중에 노출되었을 때 표면에 검은 녹이 생기는 것을 볼 수 있는데 이를 동록이 슬었다 또는 부식(腐蝕)되었다고 말한다. 표면착색은 인위적으로 화공약품을 사용하여 강제 부식을 시키는 것이며, 동판공예에서는 동판화에서 사용되는 에칭(Etching)과 달리 부식의 정도가 미미한 엷은 부식으로 이에 사용되는 재료로는 황화칼륨(K_2S: 유화가리)과 질산동(Copper Nitrate)이 있다.

대표적 착색재료

품 명	분자식	형 상	색 상
황화칼륨	K_2S	황색결정	흑색
질산동	$Cu(NO_3)_2\ 3H_2O$	청색결정	녹청색

1. 황화칼륨(K_2S) 부식

황화칼륨은 은제(銀製) 도금용으로도 널리 쓰이고 있는 재료로 일명 '유화가리'라고도 부른다. 보통 미지근한 물에 용해하여 사용되며 바탕색상을 균일하게 얻기 위해 시행된다. 시중 화공약품 상회에서 쉽게 구입이 가능하며 구리표면과 반응 시 유해한 구리염이 발생하므로 환기가 잘되는 곳에서 고무장갑 등 보호장구를 착용한 후 시행하여야 한다.

색상은 흑색 계통이며 수용액의 제조는 물 1리터 : 황화칼륨 5그램 정도가 적당하

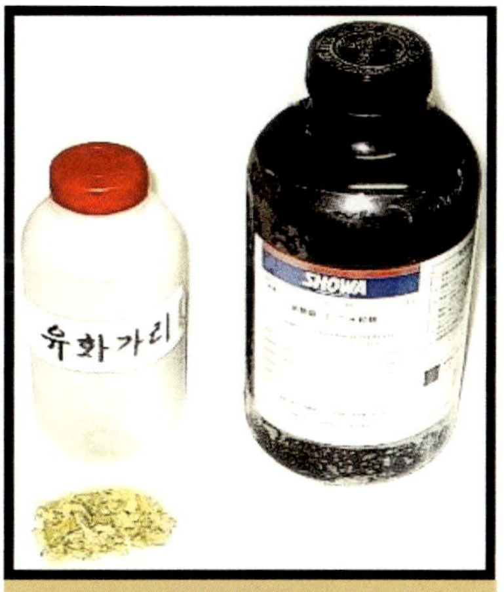

황화칼륨(K_2S)과
질산동(Copper Nitrate)

며 물의 온도와 황화칼륨의 농도에 따라 반응속도와 색상에 변수가 따른다. 시행방법으로는 온수부식(溫水腐蝕), 냉수부식(冷水腐蝕), 세미부식(略式腐蝕) 등이 있다.

♣ Free Board: 이야기 샘터 ♣

동판부식액 약품명은? 많이 하는 질문이다. 녹청이든 부식이든 한 번쯤 해 본 사람들과 함께 시행하는 것이 좋다. <구입> 부식액은 복잡한 화학기호를 말할 필요도 없고 화공약품 상회에 가서 그냥 '유화가리 주세요.' 하면 되고요, 유화가리는 유황성분 노란 고체로서 보통 1kg 단위로 흰 플라스틱 통에 담아 판매되고 있다.

녹청부식은 순동 구리표면에 인위적으로 화학처리를 하여 일반 자연 노천에서 10여 년 이상일 때 얻을 수 있는 블루~그린 계통의 색상을 효과로 가미하는 것이다. 효과의 가미는 필수가 아니라 작자의 선택이다.

<녹청부식액>은 질산동(설탕 알갱이 같은 청색고체)을 물과 적정한 비율로 혼합하여 제조하며 물의 첨가량에 따라서 농도가 짙을 때는 blue컬러, 옅을 땐 green 계통의 색상을 얻을 수 있다.

서울 을지로 5가 화공약품 밀집지역에서 오래전 초심자를 위해 미리 제조된 녹청액을 판매하기도 한다만 그를 실험한 결과 시큼한 냄새도 나고 건조된 후 분체가 표면에 고착이 안 되어 손으로 문지를 경우 지워지는 조잡한 시험성적을 내었다.

질산동을 구입하여 물에 용해하여 사용하시는 것이 좋다. 녹청부식은 유해한 구리염을 동반하며 치명적인 호흡기질환을 유발할 수 있다. 시행 시 환기가 잘되는 곳에서 시행하시기 바라며 처음 하는 분이라면 경험자나 지도자가 있는 곳에서 시행하실 것을 권장한다.

1) 황화칼륨 부식 종류

황화칼륨 부식의 종류는 수용액 속에 동판이 잠기도록 하여 시행하는 잠김부식과 미리 제조해 놓은 수용액을 필요에 따라 그릇에 담아 놓고 간략하게 시행하는 세미 부식이 있다.

(1) 잠김부식

잠김부식의 종류는 냉수부식과 온수부식이 있다.

① 냉수부식(冷水腐蝕)

냉수에 황화칼륨을 적당량 혼합하여 동판을 담가(잠김부식) 부식시킨 후 깨끗한 냉수에 헹굼으로 부식을 중단(中斷)시킨다.

■ 장점:

- 분자(分子)운동이 약해 부식 진행 속도가 느리므로 표면색상의 변화를 육안(肉眼)으로 확인할 수 있어 부식 진행과정에서 원하는 색상(色常)을 얻을 수 있다.
- 동판에 날무늬(화학 반응과정에서 얻어지는 여러 가지 기하학적인 무늬)를 표면에 착색(着色)시킬 수 있다.
- 광택(gloss) 시 부식 부분 제거가 용이(容易)하다.

□ 단점:

- 느린 부식이 이루어짐에 따라 온수 부식보다 시간이 오래 걸린다.

② 온수부식(溫水腐蝕)

온수(30～35℃)에 황화칼륨을 적당량 혼합(混合)하여 동판을 담가(잠김) 부식을 시킨 후 깨끗한 물에 헹굼으로 부식을 중단시킨다. 경우에 따라서 끓는 물에 황화칼륨을 넣고 시행하기도 한다. 물의 온도가 높을 경우 급속하게 표면착색이 되므로 주의를 요한다.

■ 장점:

- 균일한 흑색 계통의 표면색상을 얻을 수 있다.
- 활발한 분자 운동으로 부식 진행 속도(速度)가 빠르다.
- 부식할 동판 양(量)이 많을 경우 단시간(短時間) 부식처리에 효율적으로 이용할 수 있다.

□ 단점:

- 급속(急速)한 부식이 이루어짐에 따라 유황성분이 공기 중에 쉽게 산화(酸化)되므로 황화칼륨의 농도(濃度)와 물의 온도를 수시로 체크 조정하여야 한다.
- 부식액이 흑색 침전물(沈澱物)로 인해 쉽게 혼탁(混濁)해진다.
- 짙고 균일한 부식이 되므로 광택(gloss) 작업 시 냉수부식 때보다 시간을 요구한다.

(2) 세미부식(略式腐蝕 semi caustic)

세미부식에는 '마찰부식'과 '붓필부식'이 있다.

마찰부식

① 마찰부식

미리 제조된 진한 부식액을 용기에 담아 놓고 필요할 때마다 헝겊, 스펀지 등에 축축이 묻혀 동판 표면에 직접 문지르며 마찰시켜 부식을 진행시키는 방법으로 이를 '세미부식'이라 한다. 부식을 중단하려면 드라이기(dry) 등을 이용하여 빨리 건조하거나 동판 표면을 물로 헹궈 내어 중화시킨 후 비스듬히 세워 건조시킨다.

■ 장점:

- 실내외 어느 곳에서나 간편하게 부식시킬 수 있다.
- 작품의 크기가 지나치게 크거나 하여 잠김부식을 시행할 수 없을 경우에 간편히 이용할 수 있다.

□ 단점:

- 균일한 부식이 어렵다.

※ 대작, 예행, 실험작품 만들기, 시연회(試演會) 등에서 많이 사용

② 붓필부식

미리 제조(製造)된 진한 부식액을 용기에 담아 놓고 필요할 때마다 수채용 붓에 묻혀서 동판 표면에 직접 그리거나, 부분 요소만 부식게 하는 방법으로 이를 '붓필부식'이라 한다. 부식을 중단하려면 드라이기(dry) 등을 이용하여 급속 건조(乾燥)하여야 한다.

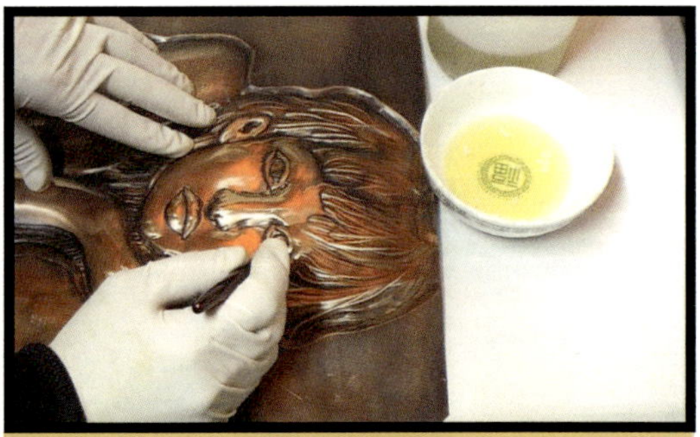
붓필부식

※ 응용: 황화칼륨 고체를 직접 이용할 수도 있다.

■ 장점:

- 세밀한 요소(속눈썹, 눈동자, 복잡한 문양) 부분 부식이 가능(可能)하다.
- 어느 곳에서나 간편하게 부식시킬 수 있다.

※ 수정(修訂)이나 교정(校訂)에 많이 이용된다.

□ 단점

- 온수부식에 비해 부식상태가 균일(均一)하지 않다.

♣ Free Board: 이야기 샘터 ♣

부식액의 보관은? 동판공예 제조 부식액 속에 들어 있는 황의 산화를 막기 위해 뚜껑을 꽉 막아 공기 접촉을 피해야 한다. 한 달 이상 액체상태로 너무 오래 두면 성분이 응고되어 흰색 부유물 침전이 있고 나중에는 아주 사용할 수 없게 된다. 따라서 사용할 때 쓸 만큼만 제조하여 많은 양을 남기지 않는 것이 좋다.

2. 질산동(Copper Nitrate)부식

녹청부식

구리를 공기 속에 방치(放置)하면 습기(濕氣)와 이산화탄소와 구리가 반응하여 염기성 탄산구리 $CuCO_3 \cdot Cu(OH)_2$가 된다. 조직이 치밀하여 내부를 보호하므로 오래된 청동기에서 볼 수 있는 것과 같이 고르게 녹청이 낀 구리는 그 이상 부식되지 않는다. 산과 암모니아에 녹고, 200℃에서 분해되며 유독하다. 구리에 아세트산의 증기를 작용시켜서 얻은 염기성 아세트산구리 $Cu(C_2H_3O_2)_2 \cdot 2Cu(OH)_2$도 녹청이라 한다.

동판공예에서 사용되는 녹청(綠靑)은 인위적으로 화학 처리하여 만든 녹청으로 질산동(Copper Nitrate – $Cu(NO_3)_2$ $3H_2O$)이 사용되며 고체형태의 질산동에 물을 1 : 1, 1 : 2 또는 1 : 3 정도로 혼합하여 사용한다.

질산동 수용액을 효과를 낼 동판 요소 부분에 붓이나 스프라이를 사용하여 도포한 후 휴대용 부탄가스 도치불로 표면에 고열을 가(加)하면 시간경과나 질산동의 농도(濃度)에 따라 녹색(綠色) – >진녹색(眞綠色) 또는 청색(靑色) 등의 색상이 만들어진다.

질산동은 동판에 도포되는 순간부터 산(酸)에 의한 부식이 진행되며 부식과정에서 기체형태의 산화동이 공기 중 대기로 분산된다. 기체형태의 산화동은 유해(有害)한 물질로 작업사는 반드시 고무장갑과 마스크를 착용하고 실외 공기유통이 잘되는 곳에서 녹청 작업을 시행해야 한다. 사용 후 녹청부식액의 보관에도 촉수엄금 라벨을 붙인 뒤 어린아이의 손이 닿지 않는 곳에 보관하여야 한다.

질산동은 청색 또는 녹색 안료(顔料), 살충제, 매염제, 분석시약, 페인트, 촉매, 도금, 산화제, 니스, 의약품에도 사용된다.

♣ Free Board: 이야기 샘터 ♣

녹청 약품은 뭔가요? 부식액과 함께 자주하는 질문이다. 녹청은 인위적으로 구리에 자연(自然) 녹슨 것처럼(오래된 놋그릇에 푸른곰팡이가 스는 것처럼) 화공약품으로 컬러링하는 것이다. 복잡한 화학기호를 말할 필요도 없다. 화공약품 상회에 가서 '질산동 주세요!!' 하면 된다. 인체에 유해하다. 공기유통이 잘되는 곳에서 시행하시오. 질산동은 설탕 알갱이 5배 정도 되는 푸른 청색고체로서 1kg 단위로 판매된다. 수용성으로서 물에 1 : 1, 1 : 2, 1 : 3으로 희석해서 사용하며 농도가 짙을수록 진하다. 반드시 공기유통이 잘되는 곳에서 시행해야 하며 피부에 묻거나 만진 손은 비누로 깨끗이 씻어야 한다.

3. 화부식(火腐蝕)

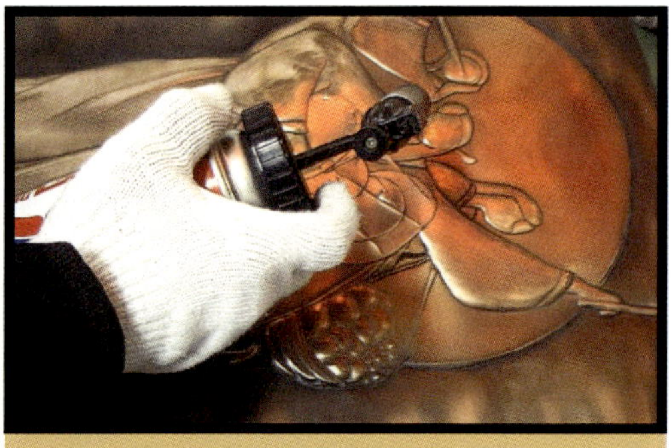

화(火)부식

동판에 광택을 낸 후 휴대용 부탄가스 도치불로 표면(表面)에 고열을 가(加)하면 시간경과에 따라 황색(黃色) - > 적색(赤色) - > 자주(紫珠) - > 진청(眞青) - > 회색(灰色 - 그레이) 등의 색상을 만들어진다. 이를 도치부식 또는 화(火)부식이라 한다.

■ 장점:

- 무지갯빛 같은 혼합(混合)색을 얻을 수 있다.

□ 단점:

- 균일한 단일(單一) 색상을 얻기 힘들다.
- 급속한 부분(部分) 부식이 이루어지며 작업자가 열의 강약(强弱)을 잘 조절하여야 하며 작업자의 경험과 기술(技術)이 요구된다.
- 동판이 고열(高熱)로 인해 물러지며, 지나칠 경우 평판(平板)이 우그러진다.

Part 10

명암처리

1. 명암처리를 위한 연마 · 광택재료

명암(明暗)이란 빛과 형의 관계에서 생성되는 것으로서 회화에서는 대상물을 묘사하는 재현방법의 하나이며, 동판공예에서는 표면착색과정으로 얻은 단일 바탕색의 표피를 작가의 표현의도에 따라 벗겨 내는 작업으로서 단순한 음영 윤곽을 띠게 하거나 광택의 정도를 세분화하여 원근감과 볼륨을 가미하는 표현수단으로 시행되고 있다. 명암처리에는 주로 표면을 마찰시켜 벗겨 내는 연마제와 광택제가 사용된다.

1) 수세미

라이론 부직포에 약간의 연마석이 가미(加味)된 것으로서 주방 설거지 용도로 널리 쓰이는 재료로 작업 범위에 따라 알맞은 크기로 절단하여 사용한다.

합성수지 수세미는 사포에 비해 유연(柔軟)하며 손가락에 착지하기가 쉬우며 연마효과도 우수하여 사포 대용으로 많이 이용되고 있는 재료이다. 종류가 다양하므로 표면 거칠기나 내구력(耐久力) 등을 고려하여 구입하는 것이 좋으며 합성수지 이외에 경우에 따라 철(Steel)수세미도 작품에 이용된다.

2) 사포(sand paper)

금속이 그대로 깎여 원색이 드러나게 하는 연마용으로 사포가 오래전부터 이용되고 있으며 종이나 섬유에 접착된 카본, 실리콘 등 광질의 입도에 따라 제품에 숫자로 고유번호(#600, 800, 1000, 1200)가 표기되어 있다. 숫자가 클수록 입도(粒度)가 고우며 고운 것일 경우 어느 정도 광택 효과도 있다.

무광택을 요하거나 거친 질감, 또는 간단한 명암을 얻기 위해 이용하는 경우가 많다 그러나 각대기와 같은 딱딱한 재료의 특성으로 손바닥이나 손가락에 착지하기가 수월치 않아 숙련되지 않은 초보 입문자나 어린학생들이 사용할 때 연마하고자 하는 요소(要所) 부분 이외에 상처를 내는 경우가 많아 근래에는 학습용도에는 이용하고 있지 않다.

♧ Sub notice ♧ 명암이란

미술사적으로 볼 때 회화에서는 명암에 대한 여라 각도의 시도가 있었다. 그러나 선사시대 초기의 그림은 명암과 깊이에 대해서 무관하였다. 동굴벽화의 형태는 윤곽선에 의해서만 이루어져 있었다. 이와 같이 윤곽선에 의한 묘사는 이집트 미술과 초기 그리스 미술에서 나타나고 있다. 이후로 차츰 빛에 대한 자각이 생겼으며 지웃토는 사물의 양감을 표현하였다.

명암의 원리는 물체 모두가 명암의 대조로 이루어져 보이는데, 물체는 광선의 작용을 받음으로써 볼 수 있는 것이다. 어떠한 물체든 한편은 밝고 한편은 어둡게 보이며 허공에 있지 않는 한 다른 물체 위에 그림자가 생긴다. 물체에 광선이 닿으면 그 부분은 밝게 나타나는데 그 부분을 양이라고 한다. 또 가장 밝게 보이는 부분을 하이라이트라고 한다. 어두운 부분에는 물체에서 순수하게 빛을 받지 못한 부분으로서 음이 있고, 물체가 놓인 밑바닥에 어둡게 늘어뜨리고 있는 그림자가 있다. 또 부분적으로 바닥으로부터 물체의 음부분에 반사된 광선을 반사광이라고 하며, 물체의 음부분에 반사된 광선을 반사광이라고 하며, 물체의 밝은 부분과 어두운 부분을 구획 짓는 경계선은 대비현상으로 인해 가장 어두운 선을 이루게 되는데 이것을 반광이라고 한다.

(1) 사포응용 – 물페이퍼

광택(光澤)의 일종으로서 부식된 동판을 물에 담가 놓은 수중(水中) 상태에서 페이퍼(#1200)나 막수세미로 요소 부분을 문지르며 광택을 내는 것인데 페이퍼나 수세미의 종류에 따라 세미(細微)한 사선이 일정하게 연속적으로 그어져 속도감(速度感)을 느낄 수 있으며 소제에 따라서 본 효과를 적절히 가미(加味)한다면 좋은 작품을 얻을 수 있다.

3) 연마광택제(Rubbing Compound)

연마재료

광택제는 표면 연마(研磨)에 의해 기름이나 녹, 불순물 등의 탈지(脫脂), 세정효과와 광택이 동시에 이루어지는 것이 좋으며 입도가 균일(均一)하며 원품(原品)이나 원형, 원색이 변형되지 아니한 재료가 좋은 광택제이다.

광택제는 용도에 따라 성분과 그 종류가 다양하다. 동판공예에서는 구리나 신주(놋)용 금속광택제가 이용된다. 내용물에 따라 면포에 물을 묻혀 사용하는 고체형, 된죽과 같은 에멀존형, 묽은 액상형, 스프레이와 같은 분무형 등이 있으며 성분은 주로 씨리카니 규조토 등의 광물입자와 계면활성제, 광유 등이 첨가된 것들이 많다. 표면을 연마(研磨)시키는 광질의 입도(粒度)에 따라 제품에 숫자로 고유번호(800, 또는 CP1000, CP1200 등)가 표시되어 있는데 숫자가 클수록 입도가 곱다.

동판을 사용하기 전 기름때 등 오물을 제거하는 전처리나 전체적으로 배경 색도를 감소시킬 때는 된죽과 같은 에멀존형이 적당하며 부분적으로 고(高)광택(光澤)을 내거나 마감용으로는 거스머리가 적은 액상형이 좋다.

♧ Sub notice ♧ 원근법

원근은 보는 거리에 의해서 형이 변화하는 것을 말한다. 가까이 있는 것은 크게 보이고 멀리 있는 것은 작게 보이는 것을 말하는데, 고대인들은 거리에 의한 형의 변화에 대한 자각이 없었다. 그러나 르네상스 이후 여기에 대한 탐구가 시작되었는데 이것을 원근법이라고 하며, 거리에 의한 형의 변화는 철저하게 원근법에 의해서 적용된다.

원근법이란 화면에 원근을 나타내어 그림에 현실감, 입체감을 강하게 하는 방법이다. 원근법의 종류에는 투시화법에 의해서 선으로 나타내는 선원근법과 생채나 음영의 변화를 이용한 공기원근법이 있다. 특히 동양화에서는 원근에 대한 표현이 공기원근법으로 나타나고 있는데, 동양화에서 공간에 대한 원리는 지면과 평행인 선은 모두 지평선 높이의 한 점에 집중된다는 것이다. 이 점을 소실점이라 하는데, 이 소실점은 원근 및 깊이의 표현에 있어서 가장 중요한 것으로 생각되는 것이다. 투시화법에서는 보는 거리, 시점을 놓는 방법, 보는 각도에 따라 1점 투시법, 2점 투시법, 3점 투시법 등의 묘법이 있다.

♧ Sub notice ♧ 색채와 색의 속성

색채는 시각예술에 있어서 절대적인 표현의 수단이라고 해도 과언이 아니다.

인간은 다양한 색채의 구별능력이 있으며 그것을 통해 자신의 내면세계를 표현해 왔고, 형태와 색채라는 두 가지 표현 양태는 서로 일치 혹은 분화되면서 다양한 이즘을 탄생시키는 데 일조하게 되었다. 특히 산업혁명과 과학의 발달, 색채의 체계화 등의 인간의 노력은 미술색채 실험에 지대한 영향을 미쳤으며 이로 인하여 다양한 효과를 거두게 되었다.

미술사에 있어서 근대성을 획득한 인상주의는 빛과 색채에 대한 관심으로부터 출발하였으며 화면에서 보다 밝은 색채효과를 거두기 위하여 많은 인상파 화가들은 빛과 색채에 관한 실험을 거듭하였다. 특히 신인상파 화가 쇠라는 색채학을 화면에 과학적으로 적용시켜 이론을 실재화하는 노력을 기울이기도 하였다. 그는 화면의 원색의 점을 병치시켜, 시각적 혼합을 시도하였으며, 이러한 실험은 인상주의 화가들의 관심사인 보다 밝은 색채효과를 거두기 위한 것이었다. 하지만 그의 실험 결과는 넓은 색채의 면을 칠하는 것보다, 어두워지는 결과로 나타났다. 이후 후기 인상주의화가 고호와 고갱은 쇠라가 가졌던 과학적인 색채에 대한 관심이 아닌 자신의 주관에 의한, 색채를 구하하여 20세기 화가들에게 새로운 색채표현으로의 길을 열어 놓았다.

독일의 표현주의와 프랑스의 야수파의 등장은 우연이 아니었다. 표현주의에 주관적인 색채표현, 다시 말하면 그들의 색채를 통한, 내면적 표현은 붉은색이나 청색에 새로운 의미를 부여하게 되었으며 그것은 구체적인 질료를 동반하면서 극한으로 표출되기에 이르렀다. 또한 야수파의 평면적이고 장식성을 동반한 색채표현은 인간 본성에 내재된 이전의 회화 속에서 볼 수 없는 미적욕구를 자연스런 색채의 구사로 신선한 충격을 주기도 하였다. 새로운 회화적 표현이 갑자기 탄생되는 것은 아니다. 시대적인 상황과 화가의 의지가 맞아떨어져서 이루어지는 것이다. 한 사람의 사소한 상상에 불과하고 그의 주관적인 것에 머물렀던 것이 점차 객관성을 획득하고 일반화되면서 사회의 폭이 넓어지듯이, 색채에 대한 화가들의 주관적인 표현도 화가의 고유한 스타일이 공감대를 얻음으로써 새로운 색채표현의 길을 열어 놓은 것이다.

우리는 현대의 열린 색채 개념과 다양한 색채 환경 속에서 살아가고 있다. 이 장에서는 그동안에 정리된 색채 체계와 물리적 현상 등 기본적인 이론들을 살펴보고 그것의 일러스트적인 응용과 화가들의 색채 사용의 선례들을 살펴봄으로써 생활 속에서 보다 윤택한 색채를 사용하는 데 도움이 되고 미술작품의 감상에 기초가 되도록 하고자 한다.

① 색채의 물리적 현상

빛과 스펙트럼 – 빛은 시지각 작용, 특히 색의 인지에 있어서 필수적인 조건이다. 빛이 없는 어두운 방안에서는 아무리 아름다운 색이라도 식별이 불가능하기 때문이다.

뉴턴은 1666년 빛이 굴절하는 프리즘을 이용하여 백광을 분광시키고 스펙트럼을 발견하였다. 이 프리즘을 통과한 여섯 가지 연속되는 색의 무지갯빛 띠를 스펙트럼이라고 하며 이것은 빨강, 주황, 노랑, 초록, 파랑, 보라색의 색띠이다. 백광이 스펙트럼을 통과하여 분광되는 이유는 각각 색의 파장이 길고 짧은 까닭이다. 파장이 길면 굴절률은 작고 파장이 짧을수록 빛의 굴절률은 커지게 된다. 적색에서 보라에 이어지는 연속된 색채가 각기 파장에 따라 다른 색채를 띠게 되는데 적색은 장파장의 경우이며, 보라 쪽으로 갈수록 단파장에 해당된다. 이렇게 분광된 빛은 다시 다른 프리즘을 통과하면서 백광으로 모아지는 특성을 지니고 있다. 익히 알고 있듯이 비오는 날 볼 수 있는 무지개는 공기 중에 떠 있는 물방울들이 프리즘의 역할을 해 주므로 태양광선이 분광되어 나타나는 현상이다.

빛과 물체색 – 우리는 물채에 나타나는 색을 물체의 표현에 의해서 이루어진 것으로 착각하기 쉽다. 그러나 그것은 빛의 굴절과 반사로 인하여 보이는 것이다. 빨간 장미가 있다면 그것은 그 장미의 표면이 다른 빛은 흡수하고 붉은색만을 반사하기 때문에 우리 눈에 붉은 색으로 지각하게 되는 것이다.

현대는 조명의 발달로 표면색을 바꿀 수 있게 되었다. 이것은 사물의 색은 빛에 따라 바뀔질 수 있다는 결론을 얻게 하였고 인상주의 화가들은 사물의 고유색을 부정하기에 이른 것이다. 더 나아가 표현주의와 야수파의 화가들은 분홍색 말이나 초록색 닭을 그려서 이전의 종속적인 색채관에서 탈피하여 주관적인 색채를 사용하게 되었고 이것은 보편성을 얻게 되었다. 즉 사물의 색채는 보는 사람의 관점에 따라서 달라질 수도 있다는 생각이 일반화된 것이다.

색채의 지각화 과정 – 색채의 지각화 과정은 단순한 것이 아니다. 색채의 연구가 물리적, 생리적, 심리적인 것들을 복합적으로 연구하는 특성을 지녔듯이 색채의 인지과정도 물리적인 광에서 시작되어 생리적, 심리적 과정의 총화라고 볼 수 있다. 즉 전자에너지에서 시작되어 파로 공간을 통과하고 이 광파가 우리 눈 속에 들어오면 안구의 망막 부위에 있는 수용기가 이것을 전기 화학 에너지로 전환시킨다. 망막의 수용기들의 반응은 시신경과 시신경로 속에 암호화된 충격으로 방출되어서 뇌의 시중추에서 재구성하여 색채로 지각되고 평가되는 것이다.

② 색채의 이론

위에서 색채의 물리적 현상에 대하여 개괄적으로 살펴보았다.

여기에서는 색채에 대한 여러 가지 이론들, 즉 색채의 각 시스템 설명과 특징들을 알아보고 색의 속성, 조화와 대비 등을 다루어 살펴보자.

색채에 대한 이론은 심리적인 관점에서 물리적인 관점에 이르기까지 다양하게 전개되어 왔다. 헤링은 반대색에 대한 논의보다 심리적인 관점에서 이론을 전개하였는데, 이것은 반대색의 관계에 있어서 서로의 역학적 균형을 바탕으로 논리를 전개시킨 것이다. 또한 영과 헬름홀쯔는 시신경의 수용과 반응에 대하여 보다 물리적인 관점에서 삼색설을 주장하기도 하였다. 이러한 색채와 시신경과의 관계에 대한 논의들도 화가들에게 도움을 주었지만 보다 작품과 직접적인 관계를 갖는 것은 색채의 정연한 정리라고 볼 수 있다. 먼셀과 오스트발트는 색명 시스템을 만들어 그것을 입체적으로 체계화시켰다. '구슬이 서 말이라도 꿰어야 보배다.'라는 말이 있듯이 이 시스템은 그동안 흩어져 있던 색들을 색상, 명도, 채도의 각 관계를 밝히고 고유한 색채를 다시 만들 수 있도록 하는 데 공헌하였다.

③ 색의 3속성

우리는 일상생활에서 색채를 말할 때 여러 가지 표현을 써서 보다 정확히 전달하고자 노력한다. 밝고 어둡고, 선명하고 탁하고 등등, 혹은 관용적으로 개나리 노랑이라든지 붉은 핏빛 등으로 말이다. 이러한 언어의 표현에는 색채의 3속성은 어떠한 색이든지 지니고 있는 것이기 때문이다.

색상이란 hue의 약자 'H'로 표시한다. 이것은 다른 색과 구별되는 독특함을 말하기 때문에 빨강이나 노랑 등 색채가 있는 것에만 사용된다. 즉 무채색은 색상이 없음을 말한다.

명도는 value의 약자 'V'로 표시하며 말 그대로 밝고 어두운 정도를 가리킨다. 색상은 무채색에는 없었으나, 명도는 무채색과 유채색에 모두 존재한다. 어두운 색일수록 명도는 낮고 밝은 색일수록 명도는 높아진다.

인간의 눈은 색상, 명도, 채도 중 명도에 대한 감각이 가장 예민하다고 하지만, 눈으로 구별할 수 있는 명도의 단계는 아무리 예민한 눈의 소유자라 할지라도 150단계 이상 구별이 불가능하다고 한다. 특히 무채색에 있어서는 그 단계의 식별력이 높지만 유채색의 경우 명도의 구분은 편저하게 떨어지게 된다는 것이다. 이런 점을 감안하여 가장 적당한 단계로 설정한 것이 11단계의 구분이다. 검정을 0으로 하여 흰색 10에 이르기까지 11단계의 명도 구분이 표색계에서 일반적으로 사용되는 것이다. 채도는 chroma의 약자 'C'로 표시한다.

이것은 색의 순수한 정도를 말하기 때문에 순도라고 하기도 한다. 그래서 색상이 있는 유채색에만 있고 무채색에는 없다. 채도는 색이 섞일수록 낮아지며 무채색에 가까워진다. 가장 높은 채도의 색은 원색의 노랑이나 빨강이 되는 것이다.

Part 11

마감과 보존

1. 도료코팅

도료는 값이 싸고 주위에서 쉽게 구할 수 있어 작품이 완성된 후 방수, 방식처리를 위해 많이 이용되고 있으며, 동판공예에서는 작품의 보존과 광택의 유지를 위해 내부 색상에 큰 변화가 없이 감상할 수 있도록 주로 금속용도의 투명 또는 투명 무광이 사용된다.

질이 낮은 재료를 사용할 경우 일조(日照)나 열에 의한 변색이 있어 가급적 쓰지 않는 것이 좋으며 도료코팅을 할 경우 작품 보수(補修)가 필요할 시에 고착된 도료 피복을 벗겨 내기가 용이치 않아 작품이 버려지기 쉬우므로 신중하게 결정지어야 한다.

1) 이용 도료(塗料)

(1) 래커(lacquer)

동판공예에서는 내구력을 높이기 위해 자동차 도료의 일종인 아크릴 래커(Acrylic lacquer)가 많이 이용된다.

용제(溶劑)의 휘발유에 의해서 즉시 건조되어 도막을 형성하는 도료를 일반적으로 래커라고 한다. 많은 종류의 래커가 있으나 니트로 셀룰로오스 래커와 아크릴래커가 가장 많이 사용된다. 니트로 셀룰로오스 래커는 NC, 수지, 가소제를 원료로 한 속건형으로 가장 많이 쓰인다. 주원료인 NC는 용액의 점도에 따라 다양하게 구분된다.

금속용에는 주로 알키드 수지를 사용하고 목제용에는 말레인산 수지를 사용한다. 가소제로는 푸탈산디부틸(DBT)과 푸탄산 디옥틸(DOP)이 주로 사용되는데 건조 속도가 빠르고, 경도, 내유성, 내구성이 우수하나 1회 도장으로 얻는 도막의 두께가 얇은 것이 결점이다. 이것은 건재용, 차량용, 기계용, 목재용, 종이, 피혁 등 산업 전반에 널리 이용되고 있다. 조각용 코팅제나 수공예용으로는 이용이 가능하나 채색회화용으로는 이용하는 데 한계가 있다.

아크릴래커(Acrylic lacquer)는 아크릴산 또는 메타크릴산 에스테르, 스틸렌, 아세트산 비닐 등의 공중합, 즉 열가소성 아크릴수지를 주요소로 한다. 광택 있는 래커 도막(塗膜)이 얻어지며 내약품성 부착성이 뛰어나고 내후성이 매우 우수하여 대형자동차나 금속제품의 고급 마감제용으로 사용된다.

(2) 알키드 수지도료(alkyd resin coating)

이것은 다염기산(무수 프탈산, 말레시산 등)과 다가 알코올(글리세린, 펜타에리슬리트 등)에 불포화 유지나 지방산(아마인유, 등유, 리놀레산, 올레산 등)을 혼합한 후 가열하여 만든다.

유성도료와 유사하게 사용할 수 있으며 도막이 강하고 부착력과 내후성이 좋다. 가격이 저렴하고 분산성이나 내광성이 양호하며 광택과 살오름은 좋으나 내알칼리성은 약하다. 철 구조물이나 기계, 설비, 합판 등 광범위하게 이용된다.

2) 왁스코팅

도료코팅은 표면에 물체에 경화된 수지가 도막(塗膜)을 형성하지만 왁스코팅은 도막이 없는 자연상태에서 일정기간 동안 피막(皮膜)을 형성하여 산성비나 매연 등으로부터 작품을 보호하고 광택을 유지하는 효과가 있다.

왁스(wax)

시행 전 표면을 청결히 한 후에 왁스를 스펀지나 면포에 묻혀 동판에 고르게 바른 후 건조되면 고운 융이나 휴지로 광을 내듯 닦아낸다. 왁스의 성분은 주로 불소계 실리콘과 식물성 글리세린(glycerine) 등이 배합되어 있으며 일정기간이 지나면 광택이나 발수 효과가 감소된다.

왁스코팅은 작가가 작품에 따라 시행을 결정지어야 하나 대체로 자연상태의 구리 광택이 요구되는 전시회 작품이나 설치 후 관리가 필요한 고가(高價)의 작품일 때 주로 이용된다.

♧ Sub notice ♧ 도료(塗料, paint and vanish)란?

페인트와 에나멜과 같이 고체 물질의 표면에 칠하여 막을 만들어서 물체의 표면을 보호하거나 아름답게 하는 유동성 물질의 총칭으로 2500년 전 이집트에서 사용되었다고 한다. 이것은 유동상태에서 칠을 해도 건조되면서 경화되어 굳게 된다. 고착제는 아마인유, 콩기름, 등유, 옻, 합성 건성유 등의 액체나 셸락, 코펄, 다마르 등의 천연수지나 가공수지, 페놀수지, 요소수지, 멜라닌수지, 비닐수지 등의 합성수지나 고무 유도체, 수용성 화합물 등의 고체가 주성분인데, 칠을 쉽게 하기 위하여 휘발성 용제나 계면 활성제, 희석제 등을 첨가하여 사용한다.

도료에 쓰이는 안료는 사용 목적에 따라 색을 내는 착색 안료, 착색을 강화하는 체질 안료, 녹을 방지하는 방청 안료, 밝은 빛을 내게 하는 발광 안료, 열에 강한 시안 안료 등으로 나뉜다. 이것은 여러 가지 특수 안료 등을 용도에 따라 첨가하거나 고착제와 용제를 혼합하여 제조하므로 목적에 맞게 사용하여야 한다.

도료의 고착제는 점성과 피막을 빨리 형성하고 굳게 하기 위하여 기름을 가열하거나 금속 비누를 넣어서 만들므로 회화재료로는 적당하지 못하다. 빨리 건조되는 도료는 공기와의 산화 작용으로 수년 내에 떨어지거나 휘고 균열이 생겨 못 쓰기 때문이다.

부록 Ⅰ

학생 부조수업용 – 전 과정 따라잡기

제목: 돼지가족

♣ 수행 전 교사수첩 ♣

동판공예는 금속조의 일종으로서 동판을 화면 주재료로 하며 금필(금속펜) 또는 목필(나무도구)을 사용하여 새김 및 양 · 음감 부조를 낸 후 표면착색을 한다. 표면착색으로 단일 배경색상을 얻은 후, 소제에 따라 표면을 벗겨 내는 연마과정을 통해 명암을 표현하고 보존을 위해 표면에 왁스 등의 코팅한 후 마감하게 된다.

♧ 사용동판: 0.15㎜ 연질

처음 입문자들이 취급하기 쉽고 부조효과가 잘 나오는 0.15㎜ 연질이 적절하며 크기는 가로 · 세로 20×25㎝가 좋다. 이 규격은 완성 후에 실내 환경미화나 간단한 작품 전시회를 개최할 경우 별도 주문 없이 기성용 일반 사진액자(8×10size)를 사용할 수 있기 때문이다.

♧ 동판 취급주의

연질동판은 성질이 무르므로 꽉 쥐거나 압력이 가해질 경우 쉽기 구겨지거나 흠이 생기므로 조심스럽게 취급해야 한다(작품이 만들어지면 연성의 표면이 경화되어 취급이 쉬워지게 된다).

작업 시에 가끔 손등에 찔려 가벼운 상처를 입기도 하는데 주로 그림과 같은 사각모서리에서 대부분 다치므로 모서리를 사전에 절단하여 상처를 입지 않도록 예방한다.

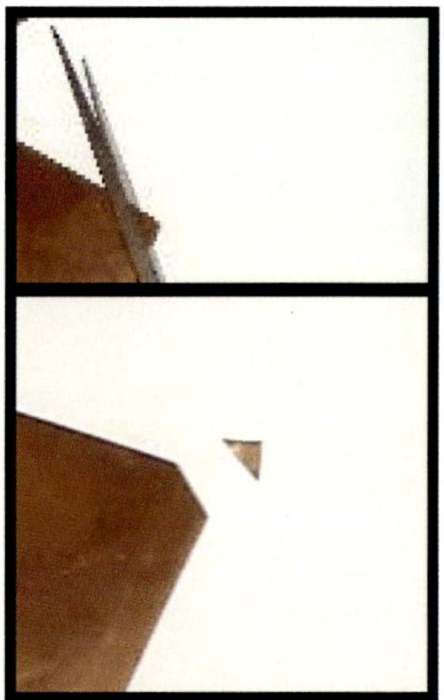

그림 1 – 동판 모서리 절단

그림 2 – 수막새 – 신라여인의 미소

절단 시 5㎜ 이상이 될 경우 액자 세팅 후에도 절단 공간이 겉으로 보이므로 이 또한 주의할 사항이다(교제를 일괄 신청할 때 모서리 절단 유무를 확인하여 구입한다).

♧ 도구 및 표면착색

지속적인 작품활동이 아닌 1회성 일과적인 수업을 위해 착색제나 도구(금필 · 목필) 등을 구비하여 수업을 진행한다는 것은 비용 면이나 시간적으로 어려움이 있어 학생들이 가정에서 쉽게 준비해 올 수 있는 대용 도구를 이용할 수 있도록 유도하며 초등학생의 경우 표면착색 과정을 생략할 수도 있다.

♧ 밑그림 선정

따로 밑그림을 준비할 경우에는 그림 2와 같은 수막새나 얼굴, 꽃송이, 곤충, 게 등 배경이 없이 단순 형식으로 된 밑그림이 좋다. 지나치게 복잡할 경우 수행시간 내에 미완성 작품이 될 수 있기 때문이다.

♣ 준비물(Making Ready) ♣

	품 목	수 량	규격 / 비고
1	밑그림	1장	A4 반절 크기의 돼지가족 밑그림
2	먹 지	1장	밑그림 전사(옮기기)에 사용
3	볼 펜	1개	빨간색 또는 청색
4	동 판	1장	size: 25×20㎝ 굳기 정도: 연질
5	라인펜	1개	신주 재질의 초급용 라인펜 (필기도구 사인펜 크기) 

품 목		수 량	규격/비고
6	썸브펜	1개	☞ 대체 가능 도구 손잡이가 튼튼한 아동용 스푼 또는 양념용 스푼 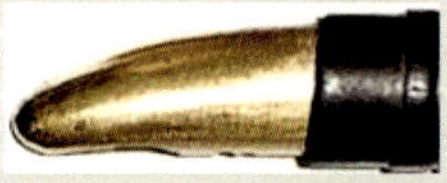 
7	피크펜	1개	☞ 대체 가능 도구 중간 크기의 십자드라이버  
8	신문지	1매	간이 바닥깔판
9	부식액		종이컵 1/3 양
10	비닐장갑	1매	부식시행 시-착용
11	왁 스	1스푼	무색 구두약 또는 금속제 차량용
12	면 포	1장	손수건 반 장 크기
13	수세미	2조각	size 4×5㎝ 주방 설거지용 합성수지 막수세미 

1. 밑그림 준비: 돼지가족 A4용지 반절 크기

밑그림은 화면(동판 크기)에 맞도록 어느 정도 좌우·상하 여백이 있는 적정한 크기로 준비하는 것이 좋으며 모본이 있는 밑그림을 가지고 확대 또는 축소할 경우 그림(4, 6)과 같이 지나치게 작거나 큰 그림이 되지 않도록 주의한다.

그림 3 - 밑그림 '돼지가족'

그림 4

✕

그림 5

○

그림 6

✕

2. 바닥 간이깔판 만들기

그림 7과 같이 신문지 한 매의 반을 접어 바닥깔판으로 사용한다.

그림 7

바닥깔판은 신문지 1매 정도가 필요하다. 신문지 1매를 가져오랬더니 1장을 가져오는 학생도 있다. 신문 1매는 여러 장이 겹쳐 있음을 알고 꼭 여러 장이 겹쳐진 그대로 가져온다. 안 본 것을 가져오면 아빠가 찾으므로 본 것만 가져온다.

어느 학교에 수업이 있었는데 교문 주변 주택가에서 생활정보지 '벼룩시장'을 닥치는 대로 뒤지고 다녀 그날 주민들이 '벼룩시장'을 못 봤다는 이야기도 들린다. 동네주민을 생각해서 꼭 본 것들이나 재활용으로 내어놓을 것을 미리 책가방에 챙겨 넣어 두어야 한다.

그림 8

3. 밑그림 전사 준비

준비순서: 아래부터 1. 바닥깔판 => 동판 => 먹지 => 밑그림 순으로 포개어 놓는다.

그림 9

4. 밑그림 윤곽선 따라 긋기

유색(빨간색 또는 청색) 볼펜으로 밑그림의 윤곽선을 따라 눌러 그어 가며 볼펜심의 누름 압력이 먹지를 통해서 동판에 copy되도록 한다.

그림 10 - 전사된 모습

유색 볼펜을 사용하는 이유는 윤곽을 따라 그어진 덧선을 육안으로 확인하기가 쉽기 때문이다. 밑그림과 같은 검정색을 사용할 시 실수로 중요 부분을 빠뜨리고 밑그림과 먹지가 제거되어 난감해 하는 경우가 종종 있기 때문이다.

0.15㎜ 연질동판은 무르기 때문에 볼펜 누름 압력에도 쉽게 골이 패어지며 어느 정도의 새김을 할 윤곽이 밑그림 전사와 함께 동시에 드러나며 라인펜으로 새김 작업을 할 때 쉽게 윤곽선을 구분할 수 있다.

그림 11 - 초급용 기본 라인펜

5. 새 김

먹지에 의해 동판으로 전사된 먹분이 묻은 윤곽선을 따라 끝이 뾰족한 라인펜으로 기본 새김 작업을 한다.

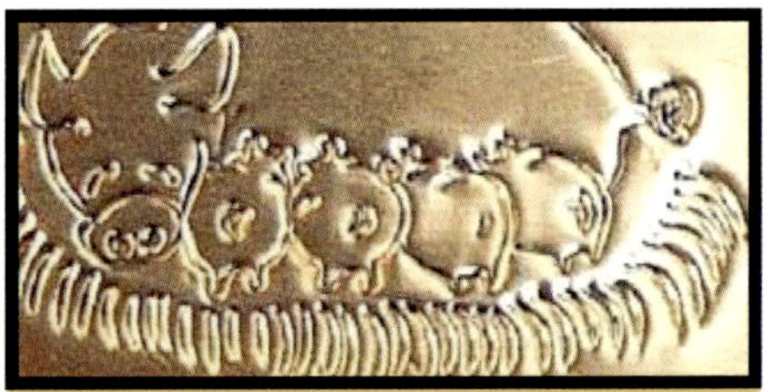

그림 12 - 새김이 완료된 앞면

지금 수행할 동판은 0.15㎜ 연질로서 연성을 띤 무른 동판이므로 굵은 볼펜으로도 라인펜을 대신할 수 있다. 볼펜에는 기름성분이 있어 정체됨이 없이 왕초보들도 신바람 나게 그을 수 있으나,

그림 13 - 새김이 완료된 뒷면

새김 작업 때 누름 압력에 약해 가끔 볼펜심 끝에 붙은 볼이 빠져나가 당황하기도 한다. 볼펜으로 라인펜을 대신할 때는 한두 자루 여벌을 준비한다.
참고로 같은 두께(0.15㎜)의 동판이라 하더라도 단단한 경질일 경우에는 볼펜으로는 라인 새김 작업이 도저히 불가능하다. 따라서 기본선을 긋는 라인펜 하나 정도는 준비하는 것이 좋다.

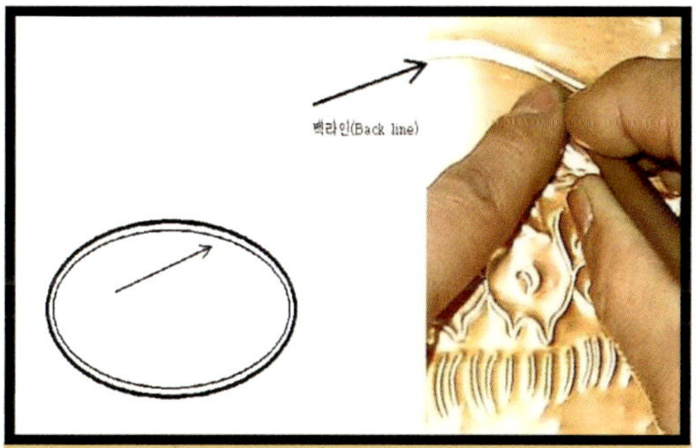

그림 14 – 뒷면에서 전면선 안쪽에서 따라 긋기

6. 부조내기

기본 새김이 된 동판의 앞면이나 뒷면에서 부조도구를 이용하게 도드라져 오르게 내어밀기를 하거나 피크펜을 사용하여 피킹을 하는 등 물리적으로 동판을 변형시키는 과정이다.

1) 백라인(Back line – 후선) 긋기

그림 15 – 백라인 효과

동판의 뒷면에서 라인펜으로 전면에서 누르며 골이 패어진 새김된 선의 안선을 따라 전면과 같은 방법으로 덧선을 긋는 것을 후선법 또는 백라인(Back line) 긋기라고 하며 양감 내기를 위한 가장 기초적인 부조기법이다.

2) 피킹(Picking – 점압법) 처리

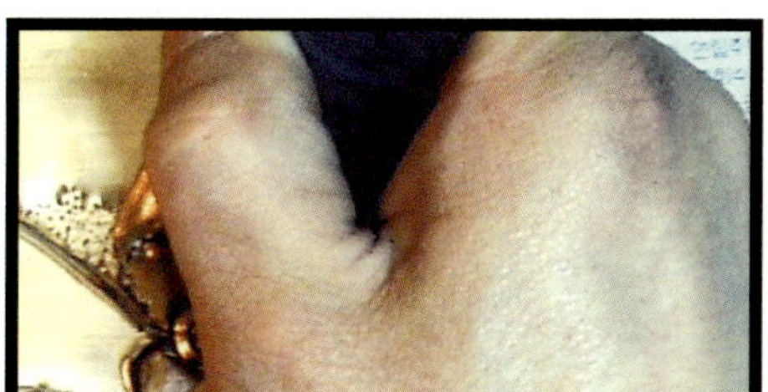
그림 16 – 피킹

기초적인 백라인으로 처리된 동판의 전면에서 중심 소재의 외곽 테두리를 기점으로 피크펜으로 닭이 모이를 쪼듯 톡톡 내리찍거나 눌러 가며 점 모양의 홈을 찍는다.

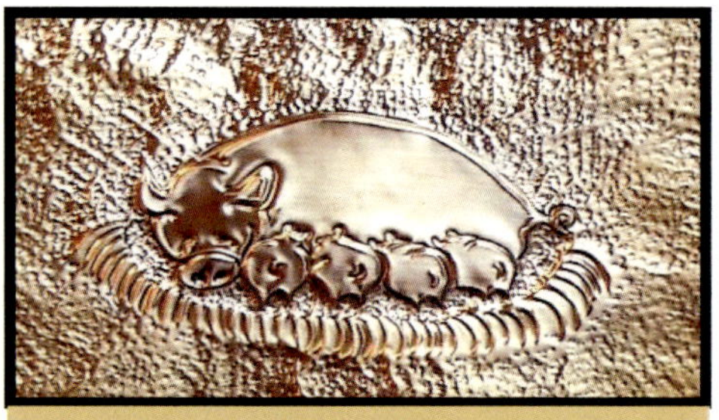

그림 17 – 전면 피킹이 시행된 모습

그림 18 – 피크펜 대용

닭의 주둥이처럼 톡톡 점압법을 할 수 있는 피크펜 대용으로는 손잡이에 어느 정도 무게가 있는 드라이버가 제격이다. 수업준비물이라고 일부러 살 필요 없이 아빠 차량에 있는 공구박스에서 찾아보고 그래도 없을 경우에는 옆집에서 빌려 쓰는 것이 좋다.

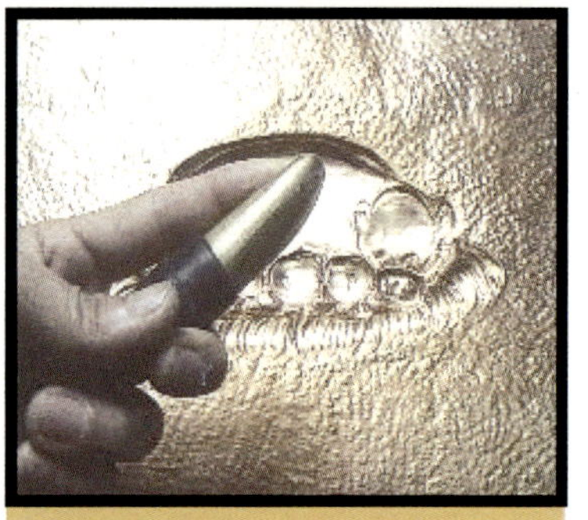

그림 19 – 썸브펜 운집법

3) 뒷면에서 – 스크러빙(Scrubing) 내어밀기

스크러빙은 입체적으로 도드라져 내어 밀 부분을 썸브펜이나 부조도구를 사용하여 문지르며 마찰시켜 부조효과를 얻는 방법이다. 문지를 때 동판 표면에 마찰열이 발생하여 퍼짐현상이 생기며 판이 늘어나며 부풀어 올라온다. 주의할 점은 마찰 속도가 늦을 경우 도구 자국이 남기 쉬우며 너무 많이 팽창할 때는 판의 두께가 얇게 압축되며 균열이 생기며 파열된다.

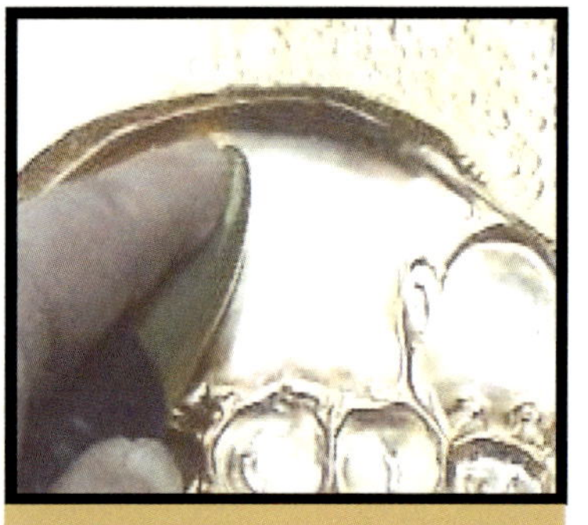

그림 20 – 내어 밀 면적을 정한다

스푼의 이용: 뒷면에서 도드라지도록 내어밀기를 할 때 썸브펜(엄지모양) 대용으로 좋은 도구는 스푼이다. 손잡이가 긴 것이 잡기가 편하므로 긴 것을 집 안에서 찾아본다. 엄마가 아끼는 티스푼을 몰래 가져올 경우 혼날 우려가 있으므로 미리 허락을 맡는 것이 나중 후안을 피할 수 있다.

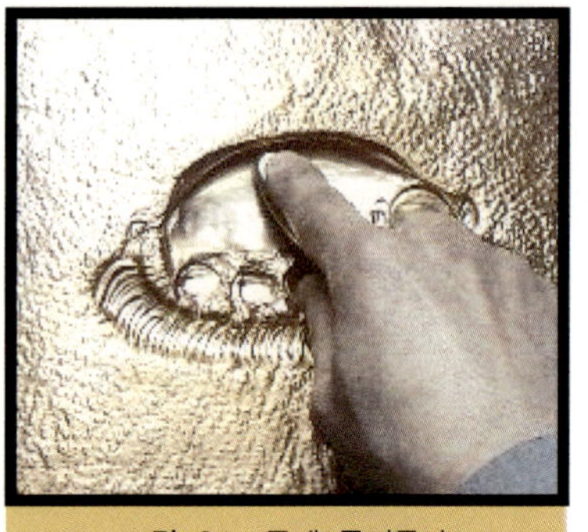

그림 21 – 곱게 문지른다

4) 평판잡기

평판잡기는 피킹이나 스크러빙으로 인해 동판이 가공 경화되면서 표면 조직이 원래의 형태로 돌아가려는 반발력으로 우그러지거나 휨 현상이 발생한다. 이런 우그러진 표면을 피크펜 또 라인펜으로 전·후면에서 눌러 밀어 넣어 주거나 푸시펜으로 전체적으로 평편하게 조치하는 것을 평판잡기라 하며 바닥이 단단한 곳에서 시행한다.

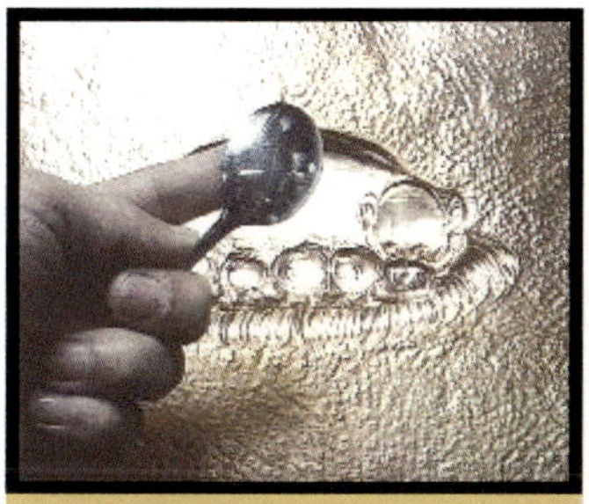

그림 22 – 스푼 운집법

그림 23 – 내어 밀 면적을 정한다

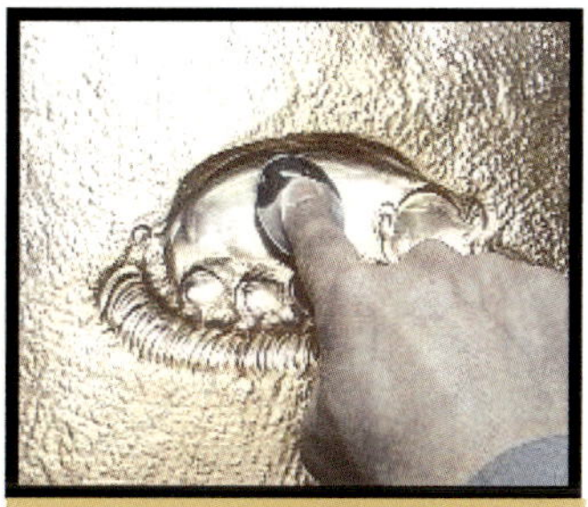

그림 24 – 마찰시키며 문지른다

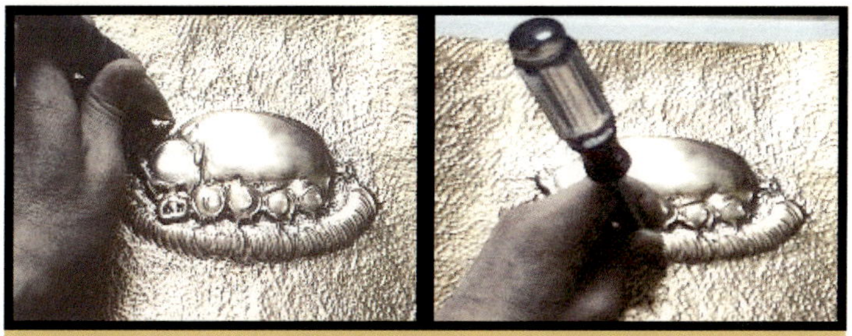

그림 25 – 표면에서 불균형을 이룬 곳을 눌러 점압하며 교정

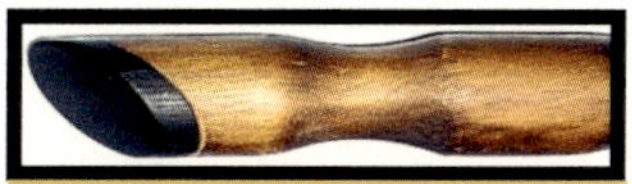

그림 26 – 푸시펜을 이용하기도 한다

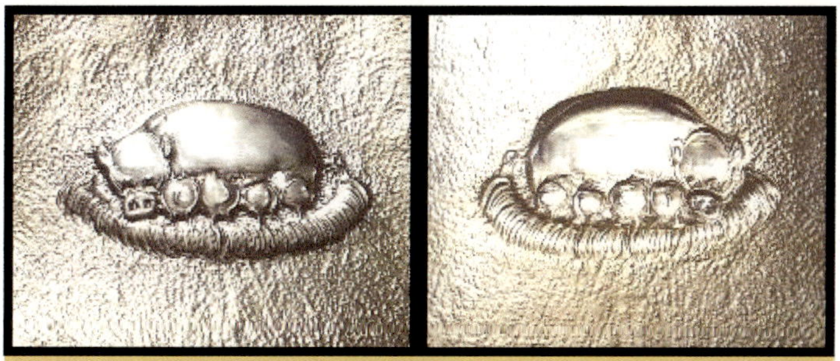

그림 27 – 평판잡기가 완료된 동판의 전·후면

7. 화학적 가공 – 표면착색

그림 28 – 준비물

그림 29 – 부식액 만들기

간략하게 표면착색(부식)을 시행하기 위한 준비물로는 황화칼륨 1g(종이컵 1/3 양) 피부보호를 위한 1회용 비닐장갑 1매, 용액을 묻혀 표면에 마찰시킬 용도의 수세미 조각 1개와 착색을 중지하기 위한 중화용 물이 필요하다.

그림 30 – 수용액 농도

1) 표면착색 순서

☞ 황화칼륨(K_2S): 물에 잘 녹는 황색 고체로서 망치로 두드리면 잘게 부스러진다. 종이컵에 물 1/3 정도를 붓고 약 1g 정도의 조각을 넣는다. 수용성으로서 미지근한 물에 잘 녹으며 냉수일 때는 나무젓가락으로 휘어 저으면 쉽게 용해된다.

그림 31 – 수세미에 적신다

☞ 농도는 육안으로 쉽게 확인할 수 있으며, 엷은 갈색을 띤다.

☞ 우선 피부보호를 위해 1회용 비닐장갑을 착용한 후 수세미를 운집하기 편할 정도의 크기로 조각낸 것에 부식액을 적신다.

그림 32 – 표면에 문지른다

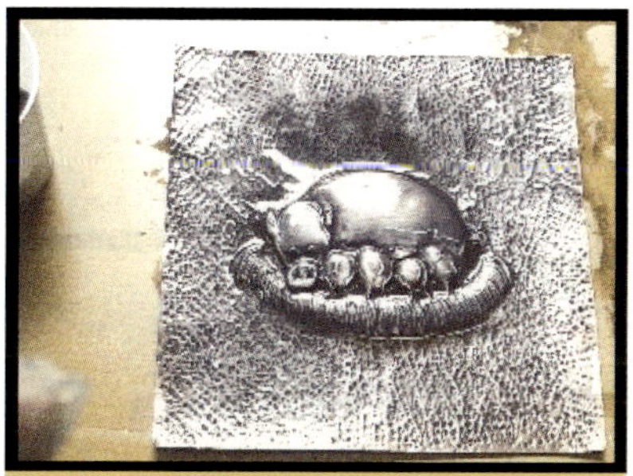

그림 33 – 착색이 완료된 모습

☞ 부조 낸 부분이 눌려 들어가지 않을 정도의 압력을 가하여 표면을 골고루 문지르며 마찰시켜 착색을 시킨다. 마찰 시 화학반응으로 수용액의 성분이 오염되어 착색의 효과가 떨어지면 다시 부식액을 묻혀 반복해 시행한다.

☞ 착색이 완료된 후에도 표면에 착색반응이 진행되고 있는 상태이므로 오래 지체할 경우 부식된 표피가 허물을 벗듯 조각무늬처럼 일어난다. 고른 착색을 위해서 신속하게 시행한다.

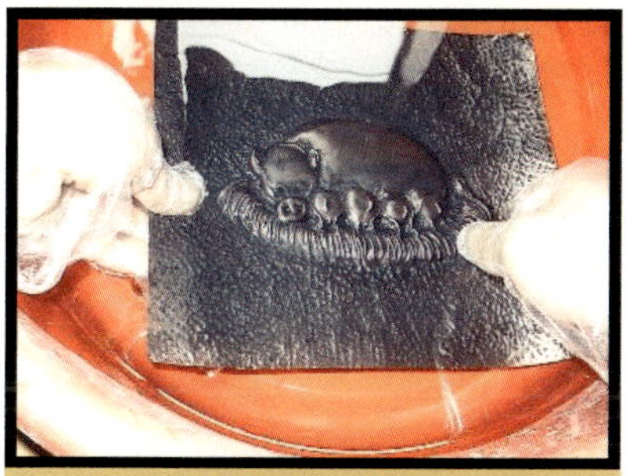

그림 34 – 깨끗한 물에 헹군다

☞ 화학반응을 중지시키기 위한 과정으로서 부식액이 물에 중화되어 씻기도록 깨끗한 물을 담은 대야에 동판을 잠기도록 담근 후 꺼낸다.

☞ 평면 바닥에 깔아 놓고 건조시킬 경우에는 건조된 후 물이 고이거나 흐른 자국이 남기 쉬우며, 빨리 건조시키기 위해 물기를 마른걸레질로 제거하면 걸레 자국이 남는다. 건조는 그림 32와 같이 물이 위쪽서부터 아래 한 방향으로 흐르며 건조될 수 있도록 벽에 비스듬히 세워 건조시킨다. 좋은 장소는 햇볕이 잘 들고 통풍이 잘되는 곳으로 여름철에는 15분 정도이며 겨울철에는 난로 부근에 두면 단시간에 잘 건조된다.

☞ 학습용으로 표면착색이 잘된 것은 전체적으로 고른 단일색상을 얻은 것이라 볼 수 있으나 작품에 따라 작자가 다양한 표면착색을 시도하여 불규칙적인 색상이나 무늬 등을 기술적으로 이용하기도 한다.

그림 35 – 물기 건조

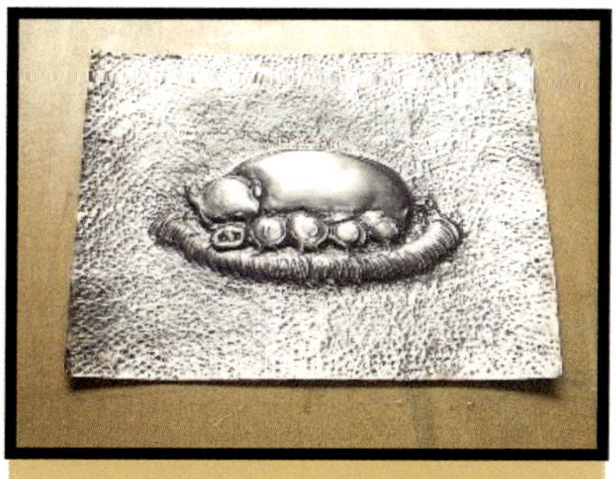

그림 36 – 건조된 모습

8. 명암내기(연마 광택)

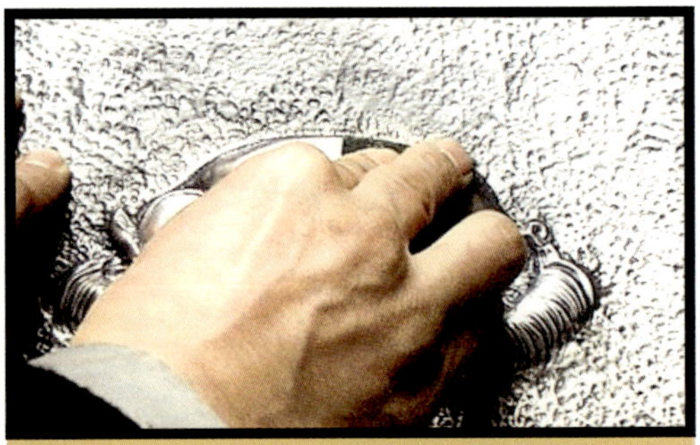

그림 37 - 건조된 모습

흑색 등 단일색상으로 착색된 부분을 연마광택제로 벗겨 내며 광택의 정도로써 화면의 밝기(명암)로 원근감 등을 표현한다.

수세미: 작품이 완성된 후 표면을 닦아 오물도 제거하고 연마 광택효과를 낼 때 사용하게 되는데 사포는 손에 부착하여 사용하기가 불편하여 보통 집에서 엄마가 설기지할 때 쓰는 '딱순이' 수세미가 좋다. 보통 청수세미라고도 하고 막수세미라고도 하는데 알맞은 크기는 아빠 명함 반 장 크기인 4×5㎝ 정도면 적당하다. 반드시 물에 젖지 않은 건조된 마른상태로 가져와야 하며 가급적 새것이 광택과 연마하기에 좋다. 수세미를 가져오랬더니 철수세미나 그물망에 스펀지가 든 수세미를 가져오기도 하는데 연마용으로는 적당하지 않다.

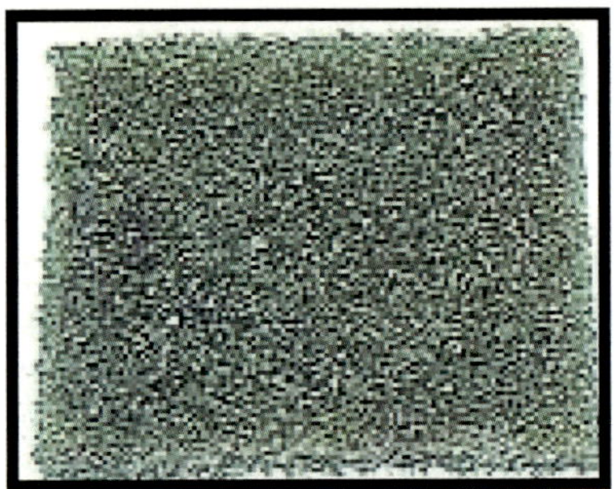

그림 38 - 수세미

☞ 흑색 계통의 단일색상이 된 표면을 소제의 내용에 따라 밝음과 어두운 부분을 고려하여 조화 있게 벗겨 낸다.

☞ 수세미와 명암처리가 된 후에 특정 부위에 금속광택제로 고광택효과를 첨가할 수도 있다.

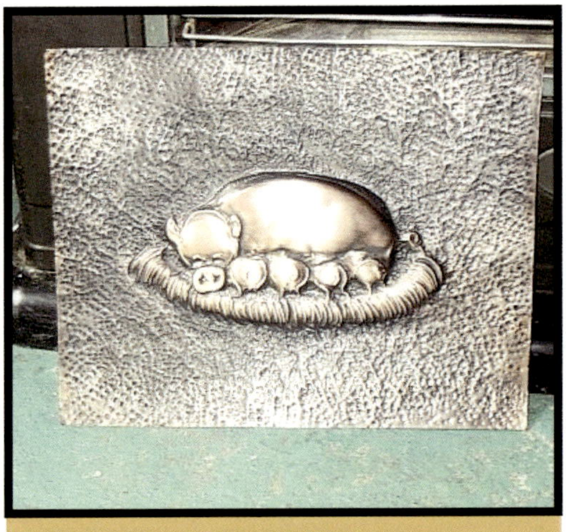

그림 39 - 명암처리 모습

9. 코 팅

완성된 작품이 자연변화에 의한 산화 부식이 늦게 적응하도록 보존을 위한 처리 과정으로서 도료코팅이나 왁스코팅 등이 이용되며 주변에서 손쉬운 보존처리로는 무색구두약 또는 차량용 왁스를 이용할 수 있다.

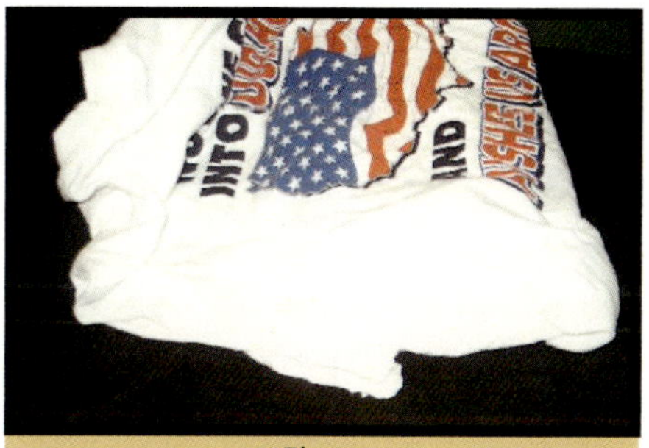

그림 40-
면포로 이용 가능한 티셔츠=>그림 없는 부분

면포: 면포는 헝겊조각이다. 25×20㎝ 크기의 작품이라면 A4용지 반 장 크기면 된다. 멀쩡한 손수건이나 입을 만한 옷을 가위질하여 가져오는 학생도 있는데 꼭 재활용으로 내어 놓을 옷을 사용하는 것이 좋다. 옷 중에서 겉이 껄끄럽지 않은 면셔츠나 속옷 러닝도 좋다. 팬티를 쓸 경우에는 앞부분보다는 엉덩이 부분, 티셔츠는 고무성분이 있는 판박이 그림 같은 것은 제외한 나머지, 다만 양말은 골골한 냄새도 나고, 화학 섬유가 많이 첨가되어 되도록 피하는 것이 좋다.

무색 구두약: 무색 구두약은 수세미로 연마를 한 후 보존 작업을 위해 동판 겉에 왁스처럼 도포하기 위해서 사용된다. 구두약은 색깔 없는 구두를 닦을 때 쓰는 무색 구두약이어야 한다. 투명구두약이 없을 경우에는 아빠가 차세차하고 난 후 광택을 낼 때 쓰는 광택제를 조금 덜어오면 되는데 죽이나 고체로 되어 있는 것이 사용하기에 좋다. *분량: 무색 구두약은 부피가 작으므로 통째로 가져오고, 차량왁스의 경우 용기가 크면 티스푼으로 2스푼 정도로 덜어서 비닐봉투에 싸서 가져온다.

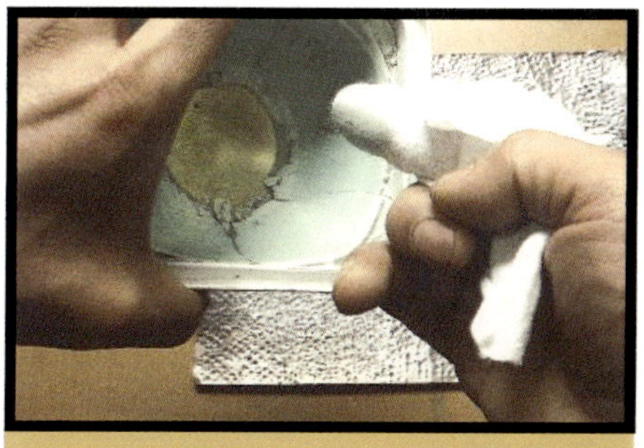

그림 41-왁스 묻히기

1) 왁싱(waxing) 순서

☞ 면포를 그림과 같이 검지에 말아 감은 후 손끝에 왁스를 적당히 비벼 묻힌다.

☞ 왁스를 도포할 때 압력을 가해 너무 세게 문지르지 않도록 한다. 판재의 두께가 얇을 경우 부조 낸 부분이 움푹 함몰될 우려가 있으며, 흑색 계통으로 남겨둔 착색 부분도 벗겨질 수 있다. 도포는 살짝 묻혀 입힌다는 정도의 힘으로 골고루 도포한다.

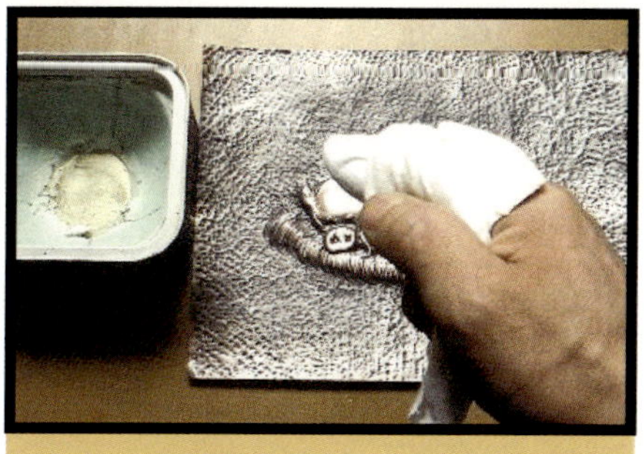

그림 42-1 왁스 도포

그림 42-2 왁스 도포

☞ 도포된 왁스가 표면에 침착될 수 있도록 2~3분 정도의 시간이 경과된 후에 면포로 광을 내듯 닦아 주면 왁싱 처리가 모두 끝나게 된다.

☞ 왁스 처리의 효과는 처리 전(前)보다 채도가 높아져 색상이 조금 짙어지며 공기에 자연 노출되어도 일정시간 변색을 방지하는 효과가 있으며 자연 부식이 되어도 어느 한 부분만 부식되는 것이 아니라 전체적으로 고르게 균형미 있는 더딘 부식이 진행된다. 왁스의 발수효과에 따라 부식 정도의 차이가 있으며 왁싱 처리의 장점은 일정기간이 지난 후라도 작품에 큰 손상이 없이 다시 표면처리를 할 수 있다는 점이다.

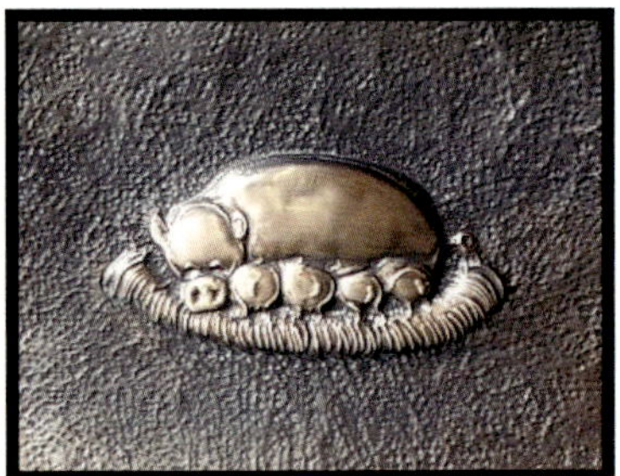
그림 43-왁싱이 끝난 모습

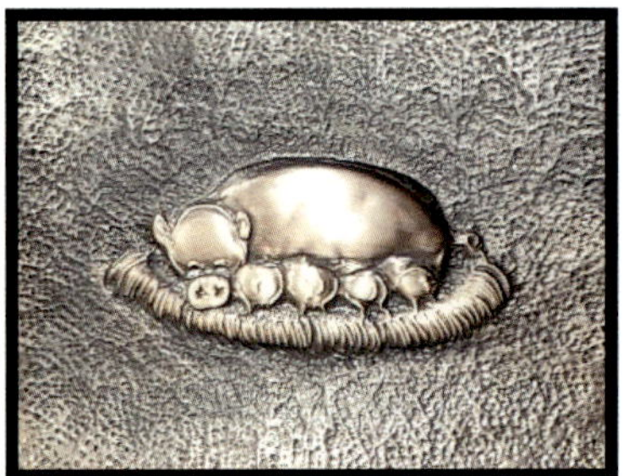
그림 44-왁싱 처리 전 모습

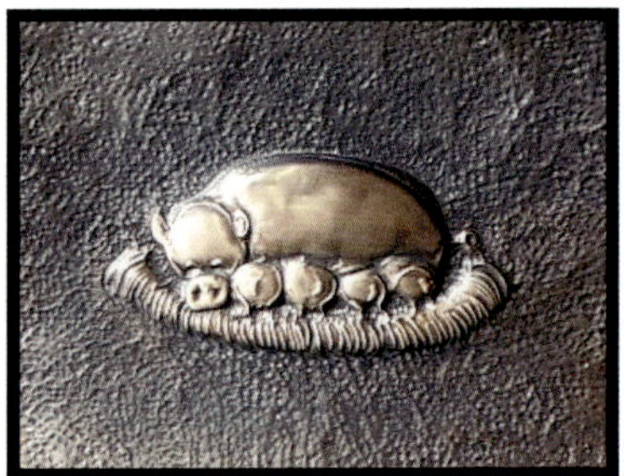
그림 45-왁싱 처리 후 모습

10. 액자 세팅(setting)

☞ 내용(동판)물 크기에 알맞은 액자를 준비하고 뒷면 핀을 위로 밀쳐 덮개 판(일명: 우라)을 연다, '돼지가족'의 크기는 20×25㎝이므로 별도의 액자를 주문하기보다는 일반 사진액자(8×10)를 이용할 수 있다.

그림 46-액자 후면 덮개를 연다

☞ 액자는 보통 내용물이 걸칠 수 있도록 원래의 내용물 치수보다 5㎜ 정도 작게 제작되어 있어 5㎜

내외의 오차가 허용된다.

☞ 덮개를 닫을 때 사진 액자의 경우 부조 낸 부분이 유리와 맞닿아 꼭 맞지 않는다. 덮개를 닫을 때 나비 핀을 원래 꺾인 부분보다 높여 다시 꺾어 맞춘다. 뒷면의 불안정한 핀이 있는 덮판은 종이테이프로 보강할 수 있다. 사진액자는 저부용 학습용으로 대용할 수 있으나 일반 작품용으로는 부적합하다. 작품용에는 보통 유리와 작품 사이에 1㎝ 정도의 공간이 있는 이중액자가 쓰인다.

그림 47 – 동판을 넣는다

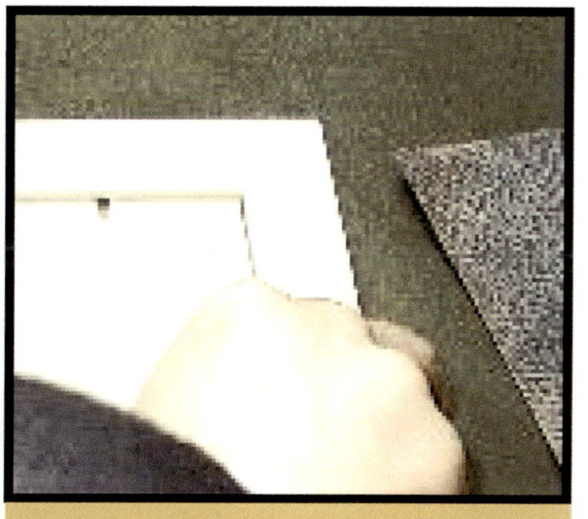

그림 48 – 핀 조정

그림 49 – 액자에 세팅된 '돼지가족

부록 Ⅱ

동판공예 특선 작품들

인천광역시 미술전람회(2004년~2007년 동판공예 특선 작품들)

1) 2004년, 홍순선(동화)작가의 천자 비룡도

천자 비룡도

2) 2005년, 원유동(동파)작가의 애심

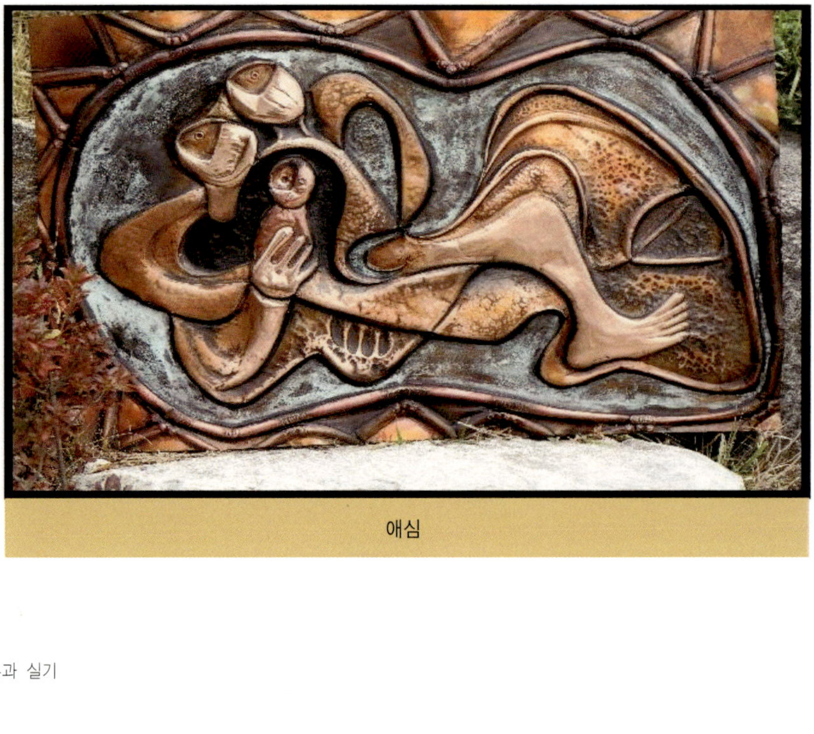

애심

3) 2007년, 윤석희(효천)작가의 까치 호랑이

까치 호랑이

4) 제 6회 인천광역시 미술전람회(2005)에 정한수(동인) 특선작가의 민족정기

민족정기

5) 2007년, 한문환(동토)작가의 태극의 용

태극의 용

6) 임정문(범득): 이중섭화가의 "길 떠나는 가족"을 동판으로 패러디 한 것임

길원

부록 Ⅲ

참고 밑그림

초급반 밑그림

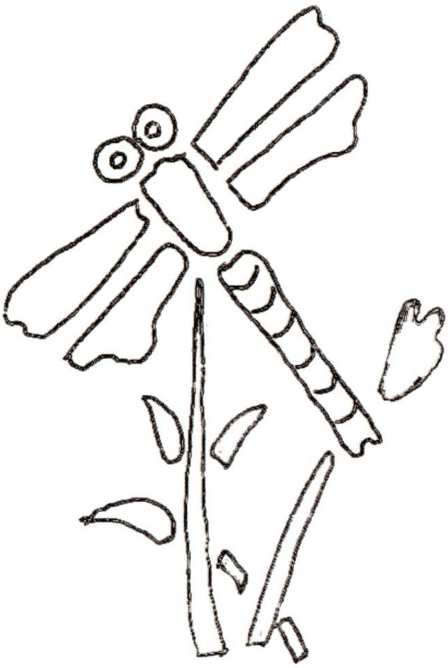

잠자리

그네

음악

하트

어숭이와 개구리

오이와 개구리

양귀비와 도마뱀

수박과 들쥐

기도

선교

중급반 밑그림

길 떠나는 심청

심청 아씨

단청문양 1

단청문양 2

연화

도라지꽃

흙

서체 기

조리 소년

쌍영총 기마

고급반 밑그림

1. 은율탈춤 국가 중요 무형문화재 제61호

제1과장: 사자춤

2. 은율탈춤 국가 중요 무형문화재 제61호

제2과장: 상좌춤

3. 은율탈춤 국가 중요 무형문화재 제61호

제3과장: 팔먹중춤

4. 은율탈춤 국가 중요 무형문화재 제61호

제4과장: 양반춤

5. 은율탈춤 국가 중요 무형문화재 제61호

제5과장: 노승춤

6. 은율탈춤 국가 중요 무형문화재 제61호

제6과장: 미얄 할미춤

7. 전통 민속놀이 강강술래

8. 풍속도　미인도 1

9. 풍속도 미인도 2

10. 풍속도　전모 쓴 여인

▌약 력

1990 銅板工藝 入門
1998 미추홀동판공예연구소 설립
2002 전 동판공예방 청동시대 대표
2003 전 중소기업 협동중앙회 인천공예협동조합 감사
2008 12월 타계
2004-2008 인천 재능대학 금속 처리과

▌전시회 및 문화예술행사 참가

2001 코엑스 전국관광기념품 인천시관 출품
인천시 자매도시 日本 가다큐시 물산바람회 출품
인천시 동구 화도진축제 중소기업제품전시회 참가
<사>인천공예인협회전, 인천종합문화예술회관

2002 인천시 동구 화도진 축제 중소기업제품전시회
2002 한일 월드컵 문화행사 도호부청사 전시회
한국공예조합연합회 코엑스 기브트 쇼우 출품
<사>인천공예인협회전, 인천종합문화예술회관
인천부평 풍물대축제 동판공예 시연회
한중수교 10주년 자유공원기념행사 동판공예 시연회
인천 경서동 녹청자 도요지 기념관 개관행사 동판공예 시연회

2003 인천 동구 화도진축제 중소기업제품전시회 참가
미추홀 동판공예 4인 회원전, 부천 문예전시관
안동국제탈춤 페스티벌 문화행사 동판공예 시연회
<사>인천공예인협회전, 인천종합문화예술회관

▌수 상

2001 제4회 인천시 관광기념품공모전 장려상
제4회 전국관광기념품 공모전 입선
한국관광공사 사장상

2002 제5회 인천시 관광기념품 공모전 입선
제22회 인천시 공예품경진대회(금속공예) 특선

COPPER PLATE CRAFT

동판공예 이론과 실기

초판인쇄 | 2009년 6월 8일
초판발행 | 2009년 6월 8일

지은이 | 임정문
펴낸이 | 채종준
펴낸곳 | 한국학술정보㈜
주 소 | 경기도 파주시 교하읍 문발리 513-5 파주출판문화정보산업단지
전 화 | 031) 908-3181(대표)
팩 스 | 031) 908-3189
홈페이지 | http://www.kstudy.com
E-mail | 출판사업부 publish@kstudy.com

등 록 | 제일산-115호(2000. 6. 19)
가 격 | 23,000원

ISBN 978-89-268-0021-8 03630 (Paper Book)
978-89-268-0022-5 08630 (e-Book)

이담Books는 한국학술정보(주)의 지식실용서 브랜드입니다.